PREMIO

Libro del alumno 1

Manuel Montoro-Blanch

Head of the Spanish Department
Cardinal Heenan High School, Leeds

STANLEY THORNES (PUBLISHERS) LTD

CONTENTS

N.B. Language items for understanding only, rather than for active use, are shown in italics.

tiene. ● ¿Hay un taller cerca de aquí? ● *¿Está baja la batería/la llanta/el neumático?* ● ¿Está listo mi coche? ● ¿Repara usted pinchazos? ● ¿Cuánto tiempo tarda reparar un pinchazo? ● ¿Dónde puedo lavar mi coche?/¿Hay una estación de lavado por aquí?

13. **Los fines de semana** – Shopping 2

Language use: Asking for items at the central market/sala de artesanía/the supermarket/ the quiosco/the estanco/the droguería/farmacia/tienda de regalos/los almacenes. ● Understanding and responding to queries regarding quantity, colour, size, price, who it is for, etc. ● Expressing acceptance of goods offered, or rejection. ● Asking for and understanding where items are in a supermarket or department store. ● Understanding related signs and recognising additional shop names.

Main language forms: *Está/Está allí/Está al fondo de la tienda./Está en la primera/segunda/tercera fila./Está en la primera/segunda/tercera planta.* ● Necesito . . ./*Me hace falta . . ./Quisiera . . ./* ¿Tiene . . .? ● Quiero comprar un regalo para . . . ● ¿De qué color?

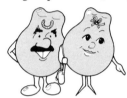

ACKNOWLEDGEMENTS

Premio has been produced, in part, with the collaboration of Trinity & All Saints College, Horsforth. It draws its inspiration from experiences gained through years of working on the A.T.S.P./T.A.S.C. West Yorkshire Graded Tests Scheme, from the existence of *Einfach Toll!* and *Escalier* (the German and French courses in the series) and from the encouragement, help and support of a number of people whom the author would wish to thank:

Trinity & All Saints College of Education

Geoff Lucas and Teresa Brown, course tutors for the IT-INSET Project. A particular debt of thanks is owed to Geoff Lucas who instigated the project, acted as course adviser during the author's one term secondment, proof-read the original and helped in so many other ways and without whom this book might never have seen the light of day.

Barry Woolnough, Lynne Brady, Elaine Atkins, Lydia Wilk and Carmel Jordan, all P.G.C.E. Spanish students at T.A.S.C. in 1982 and 1983, who took part in an IT-INSET Project together with the author at Cardinal Heenan High School, Leeds, on communicative approaches to teaching and learning Spanish through the medium of group work activities which ran for two years and from which the author has drawn heavily for the unit material at the end of each chapter of the Teacher's Book Worksheets.

Wolfgang Keinhorst, who helped structure some of the author's early thinking and offered advice on presentation in the early stages.

The music for the songs is by Barry Woolnough and the words are a co-operative production of Barry and the author.

The photographs were produced by Brian Dykes, a colleague of the author, Graeme Hall, a former pupil of the author, and the author himself.

The author is also grateful to:
—the many teachers, in a variety of school situations, who tested the draft materials and provided useful feedback;
—Phil Wood of S. Martin's College, Lancaster, for his time and suggestions in the middle stages of preparation, which were of great help and encouragement;
—Trish Smith and all those concerned with *Einfach Toll!*

¡BIENVENIDO!

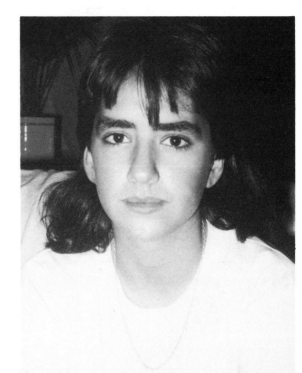

¡Hola amigos!
¡Bienvenidos a Premio!

Me llamo Teresa Fuentes López.

Me llamo . . .

Tengo catorce años.
Vivo en un piso en Málaga, en la Costa del Sol.

Vivo en la calle Cervantes.

Tengo dieciocho años.

Tengo . . . años.
Vivo en . . .

Málaga

SALUDS

¡Buenos días!

Me llamo don Manuel Martínez.

¡Buenas tardes!

Me llamo doña Isabel García.

¡Buenas noches!

Me llamo Antonio López.

¿Qué hay?

Me llamo Pili Bonilla.

¡Hola!	Buenos días.	☀
	Buenas tardes.	☀
¿Qué hay?	Buenas noches.	🌙

1 LOS NÚMEROS

0	cero	6	seis	11	once	16	dieciséis
1	uno	7	siete	12	doce	17	diecisiete
2	dos	8	ocho	13	trece	18	dieciocho
3	tres	9	nueve	14	catorce	19	diecinueve
4	cuatro	10	diez	15	quince	20	veinte
5	cinco						

Ejercicio 1   La lotería   ¿Qué número tiene?

=== Ejemplo ===

Pedro tiene el número cinco.

Pedro

Ana   Carlos   Conchita   Luisa

Martín   Marta   Alonso   Marcos   David

Ejercicio 2   ¿Dónde vive?

—— **Ejemplo** ——

David vive en el número diecinueve.

David

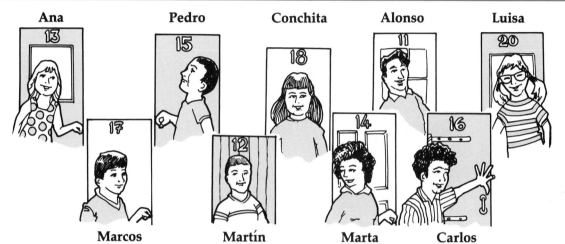

Ana   Pedro   Conchita   Alonso   Luisa

Marcos   Martín   Marta   Carlos

Ejercicio 3   ¿Cuántos años tiene?

—— **Ejemplo** ——

Antonio tiene catorce años.

Nombre	Edad
Antonio	14
Pedro	18
Carlos	12
David	19
Marcos	16
Martín	10

Nombre	Edad
Ana	11
María	17
Marta	20
Conchita	15
Luisa	13
Catalina	9

Ejercicio 4   ¿Y tú?   ¿Cuántos años tienes?

Tengo trece años.
¿Cuántos años tienes tú?

Pregúntale a tu compañero o compañera.

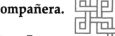

MÁS NÚMEROS

21	veintiuno	29	veintinueve	64	sesenta y cuatro
22	veintidós	30	treinta	70	setenta
23	veintitrés	31	treinta y uno	75	setenta y cinco
24	veinticuatro	40	cuarenta	80	ochenta
25	veinticinco	42	cuarenta y dos	86	ochenta y seis
26	veintiséis	50	cincuenta	90	noventa
27	veintisiete	53	cincuenta y tres	97	noventa y siete
28	veintiocho	60	sesenta	100	ciento

Ejercicio 5   ¿Qué número de teléfono tiene?

— Ejemplo —

Paco tiene el número treinta y siete, sesenta y dos, veinte.

Ejercicio 6   ¿Dónde vive?

— Ejemplo —

Paco vive en el número ochenta y dos.

Ejercicio 7   ¿Y tú?   ¿Qué número de teléfono tienes? ¿Dónde vives?

Mi número de teléfono es setenta, dieciocho, catorce.
Vivo en el número noventa y nueve.
¿Qué número de teléfono tienes? ¿Dónde vives?

Pregúntale a tu compañero o compañera.

DATOS PERSONALES 2
LA FAMILIA FUENTES

 ¡Hola! ¿Qué hay?
Ésta es mi familia.

Éste es mi padre.

Ésta es mi madre.

Éste es mi hermano.

¡Mucho gusto!
Me llamo Carlos Fuentes
Gómez.
Tengo treinta y siete años.
Soy de Málaga y vivo en
Málaga.

¡Mucho gusto!
Me llamo Carmen López de
Fuentes.
Tengo treinta y cuatro años.
Soy de Granada.
Vivo en Málaga.

¡Hola! ¿Qué hay?
Me llamo Pedro Fuentes
López.
Tengo dieciséis años.
Soy de Málaga.

Adiós. ¡Hasta luego!

Soy de . . .	¡Mucho gusto! Adiós ¡Hasta luego!

Ejercicio 1   ¿Verdad (✔) o mentira (X)?

1. Teresa tiene 15 años.
2. Carlos tiene 34 años.
3. Pedro tiene 16 años.
4. Carmen es de Málaga.
5. Pedro es de Granada.
6. Teresa vive en Málaga.

Escribe las respuestas en tu cuaderno.

Ejercicio 2   ¿Qué número gasta?

Ejemplo

María gasta el número treinta y siete.

37 **María**

35 **Ana**

39 **Paula**

38 **Sofía**

36 **Carmen**

43 **Pedro**

42 **Paco**

44 **Andrés**

40 **Juan**

41 **Pepe**

Ejercicio 3   ¿Y tú?   ¿Qué número gastas?

Gasto el número treinta y seis.
¿Qué número gastas tú?

Pregúntale a tu compañero o compañera.

Medidas de zapatos

Talla de Niños		Talla de Señoras		Talla de Caballeros	
Talla inglesa	Talla española	Talla inglesa	Talla española	Talla inglesa	Talla española
2	18	$3\frac{1}{2}$	36	$3\frac{1}{2}$	36
$2\frac{1}{2}$–3	19	4–$4\frac{1}{2}$	37	4–$4\frac{1}{2}$	37
$3\frac{1}{2}$–4	20	5–$5\frac{1}{2}$	38	5–$5\frac{1}{2}$	38
$4\frac{1}{2}$	21	6	39	6	39
5–$5\frac{1}{2}$	22	$6\frac{1}{2}$–7	40	$6\frac{1}{2}$–7	40
6–$6\frac{1}{2}$	23	$7\frac{1}{2}$	41	$7\frac{1}{2}$	41
7	24	8–$8\frac{1}{2}$	42	8–$8\frac{1}{2}$	42
$7\frac{1}{2}$–8	25			9	43
$8\frac{1}{2}$–9	26			$9\frac{1}{2}$–10	44
$9\frac{1}{2}$	27			$10\frac{1}{2}$–11	45
10–$10\frac{1}{2}$	28			$11\frac{1}{2}$	46
11	29			12–$12\frac{1}{2}$	47
$11\frac{1}{2}$–12	30			13	48
$12\frac{1}{2}$–13	31				
$13\frac{1}{2}$	32				
1–$1\frac{1}{2}$	33				
2	34				
$2\frac{1}{2}$–3	35				

Carnet de identidad

Pedro Fuentes tiene dieciséis años. Pedro necesita un Documento Nacional de Identidad (D.N.I.). Los españoles llaman este documento el carnet de identidad.

Los datos personales importantes son:

Apellidos
Nombres de pila
Fecha de nacimiento
Lugar de nacimiento
Domicilio

Ejercício 4

Escribe los datos personales importantes de Pedro en tu cuaderno.

Aquí está el formulario que Pedro tiene que rellenar.

Ejercício 5

Ahora escribe tus datos personales importantes en tu cuaderno.

En una pensión

○ ¿Cuál es su apellido?
○ Castañuela.
○ ¿Su nombre de pila?
○ Pepe.
○ ¿Su domicilio?
○ Málaga.
○ ¿El número de su carnet de identidad?
○ 44.532.816.

○ ¿Y usted, cuál es su apellido?
○ Castañuela.
○ ¿Su nombre de pila?
○ Pepita.
○ ¿Su domicilio?
○ Málaga.
○ ¿El número de su carnet de identidad?
○ 44.621.344.

2

Carlos Fuentes es jefe de una agencia de viajes. A veces Carlos visita Madrid. En Madrid Carlos se queda en un hotel.

En la recepción del hotel

Recepcionista:	Buenas tardes.
Carlos:	Buenas tardes. ¿Tiene usted una habitación?
Recepcionista:	Sí, señor. ¿Cómo se llama usted?
Carlos:	Me llamo Carlos Fuentes.
Recepcionista:	¿De dónde es usted?
Carlos:	Soy de Málaga.
Recepcionista:	Muy bien. ¿Quiere usted rellenar este formulario?
Carlos:	Sí.

Hotel Los Ángeles

APELLIDOS: _____   NOMBRE(S) DE PILA: _____

FECHA DE NACIMIENTO: _____   EDAD: _____

DOMICILIO:

Calle	Ciudad	Provincia
_____	_____	_____

Nº· de Pasaporte/D.N.I. _____

FECHA DE HOY: _____   FIRMA: _____

Ejercíco 6

Copia este formulario en tu cuaderno y rellénalo con tus datos personales.

Ejercicio 7   Diálogos

Con un compañero o una compañera imagina que tú eres Andrew, Mary, etcétera.

Compañero(-a): ¿Cómo te llamas?

Tú:

1
Andrew Smith   16 England Leeds.

Compañero(-a): ¿Cuántos años tienes?

Tú:

2
Mary Thomas   19 England Manchester.

Compañero(-a): ¿De dónde eres?

Tú:

3
Mari-Luz Quevedo   15 España Madrid.

Compañero(-a): ¿Dónde vives?

Tú:

4
Tú

Ejercicio 8

Practica las preguntas con tus compañeros de clase.

Ejercicio 9   ¿Qué frase significa lo mismo?

1. ¿Cómo te llamas?   (*a*) ¿Tu edad?   (*b*) ¿Tu nombre? ✓
    (*c*) ¿De dónde eres?

2. ¿Dónde vives?   (*a*) ¿Tu domicilio?   (*b*) ¿De dónde eres?
    (*c*) ¿Cuál es la fecha de tu nacimiento?

3. ¿Cuántos años tienes?   (*a*) ¿Cuál es la fecha de hoy?
    (*b*) ¿Tu domicilio?   (*c*) ¿Tu edad?

4. ¿Cuál es tu apellido?   (*a*) ¿El número de tu pasaporte?
    (*b*) ¿Tu nombre?   (*c*) ¿Tu nacionalidad?

5. ¡Hola!   (*a*) ¡Adiós!   (*b*) ¿Qué hay?
    (*c*) ¿De dónde eres?

EL ABECEDARIO

a,	be,	ce,	che,	de,	e,	efe,	ge,	hache,	i,	jota,	ca,	ele,
elle,	eme,	ene,	eñe,	o,	pe,	cu,	ere,	erre,	ese,	te,	u,	uve,
uve	doble,	equis,	i	griega,	ceta.							

¿Cómo te llamas?
Me llamo Pepe Castañuela.
¿Puedes deletrear tu apellido, por favor?
Ce-a-ese-te-a-eñe-u-e-ele-a.

Ejercicio 10 ¿Puedes deletrearlo?

Deletrea tu apellido en español.

Ejercicio 11 Crucigrama

¿Puedes ayudar a Pepe y Pepita a completar este crucigrama?
Copia este crucigrama en tu cuaderno y rellénalo.

Verticales:
1. Pedro Fuentes es el
   _____ de Teresa. (7)
2. Mi nombre es = Yo
   _____. (2, 5)
3. Un saludo (4)
4. Pensión, hostal y
   _____ (5)
7. Sr. Fuentes, ¿cual es _____
   nombre de pila? (2)
9. 16 años (4)
10. Antonio es un
    _____. (6)
11. _____ Fuentes tiene
    dieciséis años. (5)
12. 7 (5)
15. El compañero, _____
    compañera (2)

Horizontales:
5. Para telefonear (8)
6. Donde vivo (4)
8. Cinco (6)
11. Donde viven los
    españoles (4)
13. Carmen Fuentes es la
    _____ de Teresa. (5)
14. Yo tengo _____
    número ocho. (2)
16. 10 (4)

		(Yo)
¿Cómo se llama usted?	¿Cómo te llamas?	Me llamo . . .
¿Cuál es su nombre?	¿Cuál es tu nombre?	
¿Cuántos años tiene usted?	¿Cuántos años tienes tú?	Tengo . . . años.
¿De dónde es usted?	¿De dónde eres tú?	Soy de Inglaterra. España.
¿Dónde vive usted?	¿Dónde vives tú?	Vivo en Leeds. Málaga.
¿Cuál es la fecha de su nacimiento?	¿Cuál es la fecha de tu nacimiento?	El . . . de . . . de mil novecientos . . .

Ejercicio 12

Tú recibes esta carta de un chico español. En tu cuaderno escribe en inglés los datos personales que contiene la carta.

> Málaga, el 8 de octubre de 1988.
>
> ¡Hola!
>   Me llamo Luis. Tengo catorce años. Soy de Sevilla, pero vivo en Málaga. Tengo un hermano y una hermana. Mi padre es profesor. Mi dirección es: C/ Granada 36,3° Izqda., Málaga. Espero que seremos buenos amigos.
>   Escribe pronto.
>   Tu nuevo amigo
>   Luis.

2

LA FECHA: EL DÍA, EL MES

EL CALENDARIO

L M M J V S D	L M M J V S D	L M M J V S D	L M M J V S D	L M M J V S D	L M M J V S D
ENERO	**FEBRERO**	**MARZO**	**ABRIL**	**MAYO**	**JUNIO**
1 2 3 4 5	1 2	1 2	1 2 3 4 5 6	1 2 3 4	1
6 7 8 9 10 11 12	3 4 5 6 7 8 9	3 4 5 6 7 8 9	7 8 9 10 11 12 13	5 6 7 8 9 10 11	2 3 4 5 6 7 8
13 14 15 16 17 18 19	10 11 12 13 14 15 16	10 11 12 13 14 15 16	14 15 16 17 18 19 20	12 13 14 15 16 17 18	9 10 11 12 13 14 15
20 21 22 23 24 25 26	17 18 19 20 21 22 23	17 18 19 20 21 22 23	21 22 23 24 25 26 27	19 20 21 22 23 24 25	16 17 18 19 20 21 22
27 28 29 30 31	24 25 26 27 28	24/31 25 26 27 28 29 30	28 29 30	26 27 28 29 30 31	23/30 24 25 26 27 28 29
JULIO	**AGOSTO**	**SEPTIEMBRE**	**OCTUBRE**	**NOVIEMBRE**	**DICIEMBRE**
1 2 3 4 5 6	1 2 3	1 2 3 4 5 6 7	1 2 3 4 5	1 2	1 2 3 4 5 6 7
7 8 9 10 11 12 13	4 5 6 7 8 9 10	8 9 10 11 12 13 14	6 7 8 9 10 11 12	3 4 5 6 7 8 9	8 9 10 11 12 13 14
14 15 16 17 18 19 20	11 12 13 14 15 16 17	15 16 17 18 19 20 21	13 14 15 16 17 18 19	10 11 12 13 14 15 16	15 16 17 18 19 20 21
21 22 23 24 25 26 27	18 19 20 21 22 23 24	22 23 24 25 26 27 28	20 21 22 23 24 25 26	17 18 19 20 21 22 23	22 23 24 25 26 27 28
28 29 30 31	25 26 27 28 29 30 31	29 30	27 28 29 30 31	24 25 26 27 28 29 30	29 30 31

Lunes es el pri<u>mer</u> día de la semana.
Martes es el segundo día de la semana.
Miércoles es el ter<u>cer</u> día de la semana.
Jueves es el cuarto día de la semana.
Viernes es el quinto día de la semana.
Sábado es el sexto día de la semana.
Domingo es el séptimo día de la semana.

pri<u>mer</u>o	tercero	quinto	séptimo	noveno
segundo	cuarto	sexto	octavo	décimo

Ejercicio 13   ¿Verdad (✔) o mentira (X)?

1. Julio es el séptimo mes del año.

2. Enero es el octavo mes del año.

3. Mayo es el sexto mes del año.

4. Se(p)tiembre es el noveno mes del año.

5. Febrero es el ter<u>cer</u> mes del año.

Ejercicio 14

Completa las frases.
No escribas en este libro. Escribe en tu cuaderno.

1. Agosto es el _____ mes del año.

2. Mayo es el _____ mes del año.

3. Marzo es el _____ mes del año.

4. Junio es el _____ mes del año.

5. Abril es el _____ mes del año.

2

LOS CUMPLEAÑOS

El cumpleaños de María es en mayo.
El cumpleaños de Pedro es en diciembre.
El cumpleaños de Carmen es en agosto.
El cumpleaños de Manolo es en marzo.
El cumpleaños de Paquita es el veintitrés de abril.

Ejercicio 15 ¿Cuándo es el cumpleaños de estas personas?

Alberto	**Marcos**	**Antonio**	**Luisa**	**Emilia**	**Raquel**

Ejercicio 16 ¿Y tú? ¿Cuándo es tu cumpleaños?

Mi cumpleaños es el doce de julio.

¿Cuándo es tu cumpleaños?

Pregúntale a tu compañero o compañera.

Ejercicio 17

Con un compañero o una compañera practica estos cumpleaños.

Ejemplo
Tú: ¿Cuándo es tu cumpleaños?
Compañero(-a):   Mi cumpleaños es el trece de marzo. ¿Cuándo es tu cumpleaños?
Tú: Mi cumpleaños es el diecisiete de mayo.

Compañero(-a)		*Tú*	
1.	13. 3	17.	5
2.	6. 8	23.	1
3.	28. 6	29.	7
4.	25. 12	21.	11
5.	12. 4	11.	5
6.	17. 10	1.	4

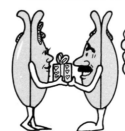

¡Feliz cumpleaños!

3

¡PERDONE USTED!
¿PUEDE AYUDARME?

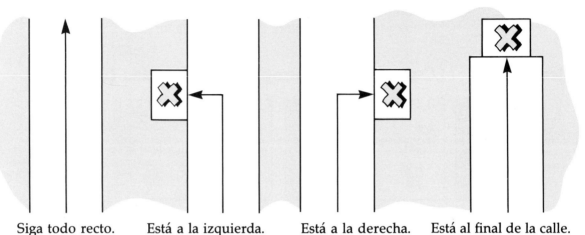

Siga todo recto. Está a la izquierda. Está a la derecha. Está al final de la calle.

¿DÓNDE ESTÁ . . .?

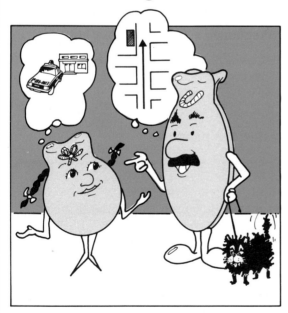

¡Perdone usted! ¿Puede ayudarme?
¿Dónde está la comisaría?

Sí. Siga todo recto y está a
la izquierda, al final de la calle.

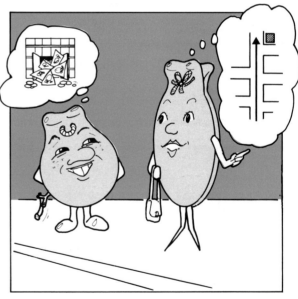

¡Perdone usted! ¿Puede ayudarme?
¿Dónde está el Banco Popular?

Sí. Siga todo recto y está a la
derecha, al final de la calle.

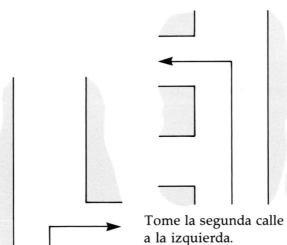

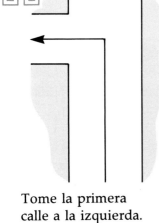

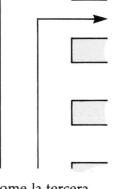

Tome la primera
calle a la izquierda.

Tome la primera
calle a la derecha.

Tome la segunda calle
a la izquierda.

Tome la tercera
calle a la derecha.

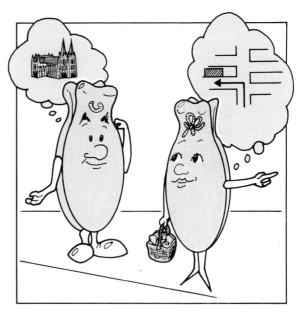

¡Perdone usted! ¿Puede decirme dónde está
la Oficina de Información y Turismo?

Sí. Tome la primera calle a la derecha y está a
la izquierda.

Muchas gracias.

¡Perdone usted! ¿Puede decirme dónde está
la catedral?

Sí. Tome la primera calle a la izquierda y está a
la derecha.

Muchas gracias.

3

¡Perdone usted! ¿Puede decirme dónde está Correos?

Sí. Tome la segunda calle a la izquierda y está a la izquierda.

Muchas gracias.

¡Perdone usted! ¿Puede decirme dónde está la estación de ferrocarril?

Sí. Tome la tercera calle a la derecha y está a la derecha.

Muchas gracias.

¿Dónde está	la Oficina de Información y Turismo?
	la catedral?
	Correos?
	la estación de ferrocarril?
	la comisaría?
	el banco?

Ejercicio 1

Usa la frase correcta para preguntar dónde están estos sitios.

Ahora practica las repuestas 1° con tu profesor o profesora.
                                2° con un compañero o una compañera.

Tome	la	primera segunda tercera	calle	a la derecha. a la izquierda.
Siga	hasta el final de la calle. todo recto.			
Está	a la derecha. a la izquierda. al final de la calle.			

Ejercicio 2   ¿Adónde vas tú?

— Ejemplo —

Tome la tercera calle a la izquierda y está a la derecha.
Voy a la catedral.

1. Tome la primera calle a la derecha y está a la derecha.

2. Tome la segunda calle a la izquierda y está a la izquierda.

3. Tome la segunda calle a la derecha y está a la derecha.

4. Tome la tercera calle a la derecha y está a la izquierda.

¡Tú estás aquí!

3

Ejercicio 3 ¿Cuál es correcto?

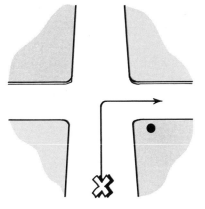

1. Tome la primera calle a la derecha y Correos está . . .
   - (*a*) a la derecha.
   - (*b*) a la izquierda.
   - (*c*) al final de la calle.

2. Tome . . .
   - (*a*) la segunda calle a la izquierda.
   - (*b*) la segunda calle a la derecha.
   - (*c*) la primera calle a la izquierda.

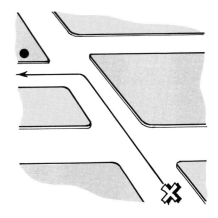

3. Siga todo recto y tome . . .
   - (*a*) la segunda calle a la izquierda.
   - (*b*) la tercera calle a la derecha.
   - (*c*) la tercera calle a la izquierda.

Ejercicio 4 ¿Adónde va Pepe?

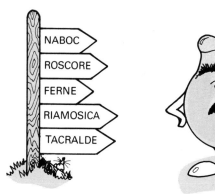

¿Puedes ayudarle a Pepe a ordenar las letras en el orden correcto?

¡ESTOY PERDIDO!

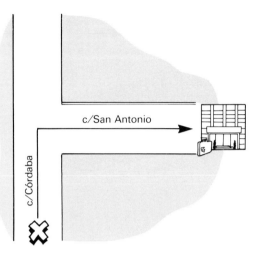

c/San Antonio

c/Córdaba

Sr. Davis:	¡Perdone usted! ¿Puede ayudarme? ¡Estoy perdido! No encuentro mi hotel.
Guardia:	¿En qué hotel está usted?
Sr. Davis:	¿Cómo dice?
Guardia:	¿En qué hotel está usted?
Sr. Davis:	En el Hotel Colón.
Guardia:	El Hotel Colón está en la calle San Antonio. Tome la primera calle a la derecha y está al final.
Sr. Davis:	Muchas gracias. Adiós.
Guardia:	De nada. Adiós.

¡Perdone usted!		mi hotel.	¿Cómo dice?
¡Estoy perdido!	No puedo encontrar	mi pensión.	Muchas gracias.
			De nada.
¿Puede ayudarme?		mi hostal.	Adiós.

Ejercicio 5

Con un compañero o una compañera

=== **Ejemplo** ===

Tú:	¡Perdone usted! No puedo encontrar . . .
Compañero(-a):	¿En qué . . . está usted?
Tú:	En el/la . . .

La Oficina de Información y Turismo

El Banco de Bilbao

La catedral

La estación de ferrocarril

Correos-Telégrafos

¿PARA IR AL CENTRO DE LA CIUDAD?

3

EN EL CENTRO DE LA CIUDAD

¡Perdone usted! ¿Dónde está el cine?

¡Mire usted! Está muy cerca. Está ahí.

Muchas gracias.

De nada.

 ¡Perdone usted! ¿Puede ayudarme? ¿Dónde está el parque?

¡Mire usted! Está bastante cerca. Tome la primera calle a la derecha y está a mano izquierda.

¡Perdone usted! ¿Puede decirme dónde está el estanco?

Sí. ¡Mire usted! Tome la primera calle a la izquierda y está a mano izquierda al lado de la farmacia.

3

¡Perdone usted! ¿Hay un teatro cerca de aquí?

¡Mire usted! Tome la primera calle a la derecha y está a mano derecha, enfrente de la plaza de toros.

¡Por favor! ¿Para ir a la estación de ferrocarril?

Sí. Está detrás del parque.

¡Por favor! ¿Hay una librería cerca de aquí?

¡Mire usted! Está lejos. Siga todo recto. Tome la tercera calle a la derecha y está a mano izquierda, enfrente de Correos.

¡Perdone usted! ¿Para ir a la Oficina de Información y Turismo?

Está bastante lejos. Tome la segunda calle a la izquierda y está a mano izquierda, enfrente de la comisaría.

¡Perdone usted!	¿Dónde está	el teatro?
		el cine?
		el estanco?
		el parque?
¡Por favor!		la parada de autobuses?
		la farmacia?
		la librería?
		la plaza de toros?

| ¿Hay un/una . . . cerca de aquí? | |

| ¿Para ir a . . .? | |

| ¿Puede decirme | dónde está . . .? |

Ejercicio 6

Practica estas preguntas con un compañero o una compañera.

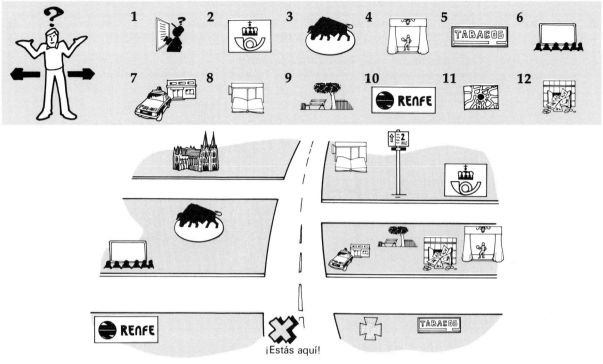

Usa este plano de un pueblo para hacer los ejercicios 7 y 8.

Ejercicio 7   ¿Verdad (✔)   o   mentira (X)?

1.   La parada de autobuses está enfrente del parque.
2.   El teatro está al lado de la comisaría.
3.   Para ir al banco tome la primera calle a la izquierda.
4.   Para ir a la librería siga todo recto y está a mano derecha.
5.   Para ir a la Plaza de Toros tome la primera calle a la izquierda.

Ejercicio 8

Aquí hay seis respuestas. ¿Cuáles son las preguntas?

1.   Está enfrente de la Plaza de Toros.
2.   Está al lado del estanco.
3.   Está enfrente de la estación de ferrocarril.
4.   Está detrás del teatro.
5.   Está detrás del parque.
6.   Está enfrente del banco.

Ejercicio 9

Con un compañero o una compañera practica las preguntas y las respuestas.

┌─────────────── **Ejemplo** ───────────────┐

   1.   (*a*)   *Tú:*   ¿Puede decirme dónde está la catedral por favor?

        (*b*)   *Compañero(-a):*   Sí. Siga todo derecho.

└──┘

	1	2	3	4	5	6	7	8	9

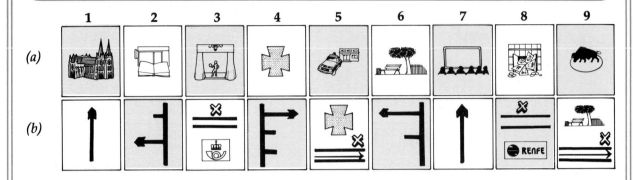

(a)   *(b)*

Ejercicio 10   ¿Está cerca o está lejos?

Usando el plano de la página 25, usa una de las respuestas siguientes para contestar las preguntas.

a) Está muy cerca.   b) Está bastante cerca.   c) Está lejos.   d) Está bastante lejos.

┌─────────────── **Ejemplo** ───────────────┐

         ¿Dónde está la farmacia?   La farmacia está muy cerca.

└──┘

1. ¿Dónde está Correos?   4. ¿Está cerca o lejos la comisaría?

2. ¿Dónde está la catedral?   5. ¿Está cerca o lejos el teatro?

3. ¿Dónde está el cine?   6. ¿Está cerca o lejos la estación de ferrocarril?

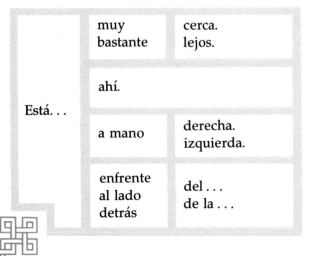

Está...	muy bastante	cerca. lejos.
	ahí.	
	a mano	derecha. izquierda.
	enfrente al lado detrás	del... de la...

NO HABLO ESPAÑOL MUY BIEN

Transeúnte:	¡Por favor, señor! ¿Dónde está el parque?
Extranjero:	¡Lo siento! No sé. Soy extranjero.
Transeúnte:	¡Por favor, señora! ¿Dónde está el parque?
Forastera:	¡Lo siento! No sé. Soy forastera. No conozco esta ciudad muy bien.
Extranjero:	¡Por favor! ¿Dónde está el parque?
Guardia:	¡Pues mire usted! Tiene que seguir todo recto hasta llegar a . . .
Extranjero:	¡Por favor! Hable más despacio. No hablo español muy bien.

Guardia: ¡Perdone usted! Tiene que seguir todo recto hasta llegar a la Alameda.

Extranjero: ¡Lo siento! No comprendo.

Guardia: ¡Mire usted! Siga todo recto y está a la derecha. ¿Comprende?

Extranjero: ¿Puede repetirlo, por favor?

Guardia: Sí. Siga todo recto y está a la derecha. ¿Vale?

Extranjero: Sí. Muchas gracias.

¡Lo siento!	Soy extranjero(-a).
	Soy forastero(-a).
No sé.	No conozco esta ciudad muy bien.

¿Comprende?		No hablo español muy bien.
	No comprendo.	¡Por favor! Hable más despacio.
¿Vale?		¿Puede repetirlo, por favor?
		Repita, por favor.

Ejercicio 11

Practica un diálogo usando estas frases nuevas.

Ejercicio 12   Sopa de letras

¿Cuántas palabras puedes encontrar?

En esta sopa de letras hay diecisiete palabras o frases cortas. Las palabras van de izquierda a derecha (→) de derecha a izquierda (←) de arriba para abajo (↓) y de abajo para arriba (↑).

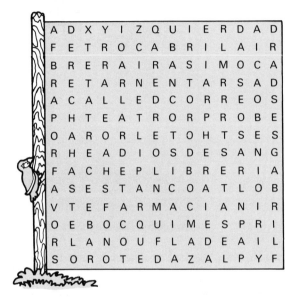

```
A D X Y I Z Q U I E R D A D
F E T R O C A B R I L A I R
B R E R A I R A S I M O C A
R E T A R N E N T A R S A D
A C A L L E D C O R R E O S
P H T E A T R O R P R O B E
O A R O R L E T O H T S E S
R H E A D I O S D E S A N G
F A C H E P L I B R E R I A
A S E S T A N C O A T L O B
V T E F A R M A C I A N I R
O E B O C Q U I M E S P R I
R L A N O U F L A D E A I L
S O R O T E D A Z A L P Y F
```

¿DÓNDE ESTÁ?

1. ¿Dónde está el banco?
    ¿Dónde hay un estanco?
    ¿Dónde está el parque?
    ¿Está por esta parte?

    ¡Lo siento! No lo sé. Soy forastero.
    ¡Lo siento! No lo sé. Soy forastero.

2. ¿Dónde está la comisaría?
    ¿Dónde hay una librería?
    ¿Dónde está la catedral?
    Quiero ver al Cardenal.

    ¡Lo siento! No lo sé. Soy forastero.
    ¡Lo siento! No lo sé. Soy forastero.

3. ¿Puede repetirlo?
        No hablo muy bien el español.
    Soy extranjero.
        No comprendo bien el español.

    Tú eres extranjero.
        Yo soy forastero.
    ¿Dónde hay un policía?
        Vamos a la comisaría.
    ¿Dónde está?

EL DINERO ESPAÑOL

Monedas

Una peseta (1 pta.)

Dos pesetas (2 ptas.)

Cinco pesetas (un duro) (5 ptas.)

Diez pesetas (10 ptas.)

Veinticinco pesetas (25 ptas.)

Cincuenta pesetas (50 ptas.)

Cien pesetas (100 ptas.)

Doscientas pesetas (200 ptas.)

Billetes

Doscientas pesetas (200 ptas.)

Quinientas pesetas (500 ptas.)

Mil pesetas (1.000 ptas.)

Dos mil pesetas (2.000 ptas.)

Cinco mil pesetas (5.000 ptas.)

Ejercicio 1   ¿Cuál es diferente?

Ejemplo

   Respuesta: es diferente.

1.   5 ptas.   10 ptas.   15 ptas.   25 ptas.
2.   25 ptas.   50 ptas.   75 ptas.   100 ptas.
3.   100 ptas.   500 ptas.   1.000 ptas.   5.000 ptas.

Ejercicio 2   ¿Cuánto cuesta?

Ejemplo

 cuesta 30 ptas.

1 20 ptas.   **3** 40 ptas.   **5** 45 ptas.   **7**  100 ptas.

2 50 ptas.   **4** 35 ptas.   **6** 37 ptas.   **8** 65 ptas.

Ejercicio 3   ¿Cuánto dinero tiene?

Ejemplo

1.   Cincuenta más veinticinco más cinco son ochenta. Antonio tiene ochenta pesetas.

1.	Antonio			
2.	María			
3.	Alberto			
4.	Luisa			

Ejercicio 4   ¿Y tú? ¿Cuánto dinero tienes?

Tengo cincuenta pesetas.
¿Cuánto dinero tienes tú?

Pregúntale a tu compañero o compañera.

(N.B. Un penique (1p) = dos pesetas (2 ptas.) aproximadamente.)

Ejercicio 5   ¿Cuánto dinero necesitas?

— **Ejemplo** —

  35 ptas.   +   45 ptas.   Necesito ochenta pesetas.

1.   30 ptas.   +   20 ptas.

2.   37 ptas.   +   40 ptas.

3.   50 ptas.   +   30 ptas.

4.   50 ptas.   +   50 ptas.

Ejercicio 6   ¿Cuánto cambio tiene?

— **Ejemplo** —

Paco tiene 100 pesetas. ●═══➤ 50 ptas. + ▮▮▮▮▮▮▮ 30 ptas.

¿Cuánto vale el lápiz?   Vale cincuenta pesetas.
¿Cuánto vale la regla?   Vale treinta pesetas.
¿Cuánto dinero necesita Paco?   Paco necesita ochenta pesetas.
¿Cuánto cambio tiene Paco?   Paco tiene veinte pesetas.

1.   Ana tiene 80 pesetas.   35 ptas.   +   25 ptas.

2.   Pedro tiene 84 pesetas.   47 ptas.   +   20 ptas.

3.   María tiene 165 pesetas.   100 ptas.

MÁS NÚMEROS

100	ciento (cien)	600	seiscientos(-as)
200	doscientos(-as)	700	setecientos(-as)
300	trescientos(-as)	800	ochocientos(-as)
400	cuatrocientos(-as)	900	novecientos(-as)
500	quinientos(-as)	1000	mil

Ejercicio 7   La cuenta

¿Cuánto tienes que pagar?

Ejemplo

Tengo que pagar ciento noventa y cinco pesetas.

> BAR CAPRI
>
> 195 Ptas. 9 Ago 86
>
> GRACIAS POR SU VISITA

1

> *El Corte Inglés*
> Cafetería
> 3 cafés @ 60 - 180
> 1 té @ 50   - 50
> **230.00 Ptas.** 9 Ago 86
> GRACIAS POR SU VISITA

2

> **HELADERIA MAYKE**
> **C/LARIOS, 3**
> Mar. 12 AGo. 1986
>   3 @ 100   -300
>   2 @ 75   -150
> **00450.00 Ptas.**
> GRACIAS POR SU VISITA

3

> **Café   MADRID**
> GRACIAS POR SU VISITA
>
> **00235.00 Ptas.** 18 AGO 86

EL PESO Y LOS LÍQUIDOS, KILOS Y LITROS

En España no usan libras de peso (lb).

  Usan kilos (kg).

En España no usan pintas y galones.

  Usan litros (ℓ).

Un kilo o <u>mil</u> gr<u>amos</u> = 2.2 lb (aproximadamente)

Medio kilo o quini<u>entos</u> gr<u>amos</u> = 1.1 lb (aproximadamente)

Doscient<u>os</u> cincuenta gr<u>amos</u> = 9 oz (aproximadamente)

<u>Cien</u> gr<u>amos</u> = 3½ oz (aproximadamente)

  Un litro (ℓ) = 1.75 pintas (aproximadamente)

  Cuatro litros y medio = 1 galón (aproximadamente)

Ejercicio 8 ¿Cuánto cuestan?

Ejemplo

1. ¿Cuánto cuestan quinientos gramos de queso?
   Cuestan trescientas pesetas.

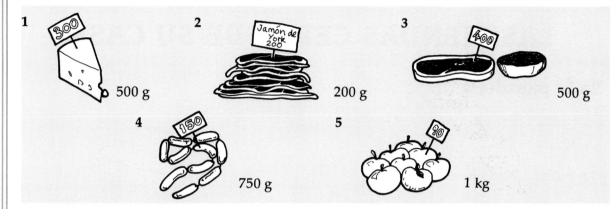

1 500 g

2 Jamón de York 200 — 200 g

3 400 — 500 g

4 150 — 750 g

5 90 — 1 kg

Ejercicio 9 ¿Verdad (✔) o mentira (X)?

Escucha a Pepe y Pepita y decide tú.
No escribas en este libro. Escribe en tu cuaderno.

1 800 ptas. el kilo

2 90 ptas. el kilo

3 320 ptas. los 400 g

4 110 ptas. los 100 g

5 200 ptas. el kilo

6 200 ptas. el ¼ kg

¿Cuánto cuesta ¿Cuánto cuestan	un kilo de ...gramos de	queso? manzanas? jamón serrano? salchichas? biftec? jamón de York?	Cuesta/n... Vale/n...
¿Cuánto vale ¿Cuánto valen			

5

LA SEÑORA FUENTES HACE LAS COMPRAS

LAS TIENDAS CERCA DE SU CASA

En la panadería

El panadero:	Buenos días, señora Fuentes.
Sra. Fuentes:	Buenos días, señor García.
El panadero:	¿Qué desea usted?
Sra. Fuentes:	Quiero dos barras de pan de veinticinco pesetas.
El panadero:	Sí, señora. ¿Algo más?
Sra. Fuentes:	Sí. Déme ocho panecillos.
El panadero:	¿Algo más, señora?
Sra. Fuentes:	No, gracias. Nada más. ¿Cuánto es todo?
El panadero:	Son cien pesetas, señora Fuentes.
Sra. Fuentes:	¡Aquí tiene! Cien pesetas. Adiós, señor García.
El panadero:	Adiós, señora Fuentes.

Ejercicio 1   ¿Verdad (✔)   o   mentira (X)?

1. La señora Fuentes está en una tienda.
2. La señora Fuentes compra ocho barras de pan.
3. La señora Fuentes no compra nada más.
4. La señora Fuentes paga cien pesetas.

En el ultramarinos

El tendero:	Buenos días. ¿En qué puedo servirle?
Sra. Fuentes:	Buenos días. Quiero aceitunas, por favor.
El tendero:	¿Cuántas aceitunas quiere usted?
Sra. Fuentes:	Póngame un kilo y medio, por favor.
El tendero:	¿Quiere algo más?
Sra. Fuentes:	Sí. Quiero arroz también. ¿Cuánto vale el arroz?
El tendero:	El arroz vale cincuenta y cinco pesetas el kilo.
Sra. Fuentes:	Déme dos kilos de arroz, por favor.
El tendero:	Sí señora. ¿Algo más?
Sra. Fuentes:	No, gracias, ¿Cuánto es todo?
El tendero:	Son doscientas pesetas en total. Gracias.
Sra. Fuentes:	Adiós.
El tendero:	Adiós, señora.

Ejercicio 2

**Contesta estas preguntas
en tu cuaderno.**

1. ¿Dónde está la señora Fuentes?
2. ¿Qué compra primero?
3. ¿Cuánto arroz compra la señora Fuentes?
4. ¿Cuánto cuesta un kilo de aceitunas?
5. ¿Cuánto cuesta un kilo de arroz?
6. ¿Cuánto es todo?

En la carnicería

Sra. Fuentes	Buenos días, señor Giralda.
El carnicero:	Buenos días, señora Fuentes. ¿Qué desea usted?
Sra. Fuentes:	Póngame un kilo de salchichas. ¿Cuánto cuestan las salchichas?
El carnicero:	Las salchichas cuestan cien pesetas el kilo. ¿Quiere algo más?
Sra. Fuentes:	Sí. Déme dos kilos de carne. ¿Cuánto cuesta el biftec?
El carnicero:	El biftec cuesta cuatrocientas pesetas el kilo. ¿Algo más?
Sra. Fuentes:	No, gracias. Nada más. ¿Cuánto es todo?
El carnicero:	Son novecientas pesetas.
Sra. Fuentes:	¡Aquí tiene! Mil pesetas.
El carnicero:	¡Aquí tiene! Cien pesetas de cambio.
Sra. Fuentes:	Gracias, señor Giralda. Adiós.
El carnicero:	Adiós, señora Fuentes.

Ejercicio 3

Con un compañero o una compañera

1°   Tú eres el tendero.

Ejemplo

Tú:	¿Qué desea Vd.?
Compañero(-a):	Quiero . . .
Tú:	¡Aquí tiene!

1   2   3   4

2°   Ahora tú eres el cliente.

¿Cuánto es todo?

Ejercicio 4 En la pastelería

Ordena estas frases en el orden correcto para obtener una conversación entre el tendero y la señora Fuentes.

No escribas en este libro. Escribe en tu cuaderno.

Gracias. Adiós, señora Fuentes.

No, gracias, nada más. ¿Cuánto es todo?

Buenos días, señora Fuentes.

Déme tres merengues y cuatro buñuelos.

¿Qué desea usted?

¡Aquí tiene! Cien pesetas.

Buenos días.

Sí, señora. ¿Algo más?

Adiós.

Son cien pesetas, señora.

5

Tendero	Cliente
¿Qué desea Vd.?	Quiero...
¿En qué puedo servirle señor? señora? señorita?	Póngame... Déme...
Son ... pesetas en total.	¿Cuánto es todo?
¿Algo más?	¡Nada más! Gracias.
¡Aquí tiene ... pesetas de cambio! su cambio!	¡Aquí tiene! ... pesetas.

Ejercicio 5   Escribe las frases que faltan.

Copia este diálogo en tu cuaderno y escribe las frases que faltan.

Tendero: ¿Qué desea Vd.?

Tú: (a)   3   (b)   ½ kg

Tendero: ¿Algo más?

Tú: (a)   ½ kg   (b)   ½ kg

Tendero: ¿Algo más?

Tú: ¿ ptas.?

Tendero: Son doscientas pesetas.

Tú: 100 ptas.   100 ptas.

      Tendero: Gracias. Adiós.   *Tú:*

EN EL MERCADO

En el puesto de fruta

Precio
por kilo

	Personas	

El dependiente: Buenos días, señora Fuentes. ¿Qué desea usted?

Sra. Fuentes: Buenos días, señor Alonso. Quiero fresas. ¿Cuánto cuestan las fresas?

 80 ptas.

El dependiente: Las fresas cuestan ochenta pesetas el kilo. Son muy baratas. ¿Cuántas fresas quiere?

Sra. Fuentes: Déme dos kilos de fresas.

 60 ptas.

El dependiente: Sí, señora. ¿Algo más?

Sra. Fuentes: Sí. ¿Cuánto cuestan las uvas?

 70 ptas.

El dependiente: Cuestan ciento veinte pesetas el kilo.

Sra. Fuentes: Son muy caras. Déme medio kilo de manzanas, un kilo de naranjas y un kilo de peras.

El dependiente: ¿Algo más, señora?

 40 ptas.

Sra. Fuentes: No, gracias. ¿Cuánto es todo?

El dependiente: Son trescientas pesetas.

Sra. Fuentes: ¡Aquí tiene, señor Alonso! Trescientas pesetas. Adiós.

 120 ptas.

El dependiente: Gracias, señora Fuentes. Adiós.

Ejercicio 6

Contesta estas preguntas.

1. ¿Qué cuesta 120 pesetas?
2. ¿Es barato o caro?
3. ¿Cuánto cuesta medio kilo de manzanas?
4. ¿Cuántas fresas compra la señora Fuentes?
5. ¿Qué compra la señora Fuentes además de fresas, manzanas y naranjas?
6. ¿Cuánto dinero paga la señora Fuentes en total?

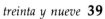

Ejercicio 7   ¿En qué puedo servirle?

Practica estos diálogos con un compañero o una compañera.

┌─────────────────── Ejemplo ───────────────────┐

Tendero: ¿ En qué puedo servirle?

Tú: ¿Cuánto cuesta(n) . . .?

Tendero: Cuesta(n) . . . pesetas.

└──┘

1	2	3	4	5	6
90 ptas. por kilo	75 ptas. por kilo	85 ptas. por kilo	55 ptas. por kilo	80 ptas. por kilo	55 ptas. por kilo

Ejercicio 8   ¿Algo más?

Practica estos diálogos con un compañero o una compañera.

┌─────────────────── Ejemplo ───────────────────┐

Tendero: ¿Algo más?

Tú: Sí. ¿Cuánto cuesta(n) . . .?

Tendero: Cuesta(n) . . . pesetas.

└──┘

1	2	3	4	5	6

60 ptas. por kilo	50 ptas. por kilo	95 ptas. por kilo	65 ptas. por kilo	80 ptas. por kilo	100 ptas. por kilo

Ahora tú eres el tendero y tu compañero(-a) es el cliente.

Ejercicio 9   ¿Qué desea usted?

Con un compañero o una compañera

Tienes doscientas cincuenta pesetas y tienes que comprar fruta para una fiesta en tu casa. Tienes que gastar todo el dinero.

1º   Tú eres el tendero y tu compañero(-a) es el cliente.
2º   Ahora tú eres el cliente.

Ejercicio 10

En tu clase, practica este diálogo con tu profesor o profesora.

Entonces, escribe el diálogo completo en tu cuaderno.

No escribas en este libro.

Tendero: ¿En qué puedo servirle?

Tú: (a) ¿ptas.?   (b) ¿ptas.?

Tendero: (a) Cuestan sesenta pesetas el kilo.   (b) Cuestan cuarenta y ocho pesetas el kilo.

Tú: (a)   (b)

Tendero: ¡Aquí tiene! ¿Algo más?

Tú: (a) ¿ptas.?   (b) ¿ptas.?

Tendero: (a) Cuestan noventa pesetas el kilo.   (b) Cuestan cincuenta pesetas el kilo.

Tú: (a) 2 kg   (b) 1½ kg

Tendero: ¿Algo más?

Tú: ¿ptas.?

Tendero: Son trescientas nueve pesetas en total.

En el puesto de las legumbres

Dependiente:	Buenos días señora Fuentes. ¿Qué desea usted?
Sra. Fuentes:	Buenos días. Quiero dos kilos de patatas, un kilo de cebollas y un kilo de pimientos.
Dependiente:	Sí, señora. También tengo lechugas muy frescas.
Sra. Fuentes:	No, gracias. Quiero un kilo de tomates frescos. ¿Cuánto es?
Dependiente:	Dos kilos de patatas son cuarenta pesetas. Un kilo de cebollas son treinta pesetas, un kilo de pimientos cuesta cuarenta pesetas y un kilo de tomates cuesta treinta pesetas. Así que son ciento sesenta pesetas en total.
Sra. Fuentes:	¡Aquí tiene! Doscientas pesetas.
Dependiente:	Gracias, señora Fuentes. ¿Aquí tiene su cambio! Cuarenta pesetas.
Sra. Fuentes:	Gracias. Adiós.
Dependiente:	Adiós, señora Fuentes.

Ejercicio 11 ¡Aquí se vende de todo!

1. ¿Qué cuesta cuarenta pesetas?
2. ¿Qué cuesta cincuenta pesetas?
3. ¿Qué cuesta ochenta y cinco pesetas?
4. ¿Qué vale noventa pesetas el medio kilo?
5. ¿Qué vale treinta pesetas por dos kilos?

Ejercicio 12

Con un compañero o una compañera

Estás en el puesto donde se vende de todo. Tienes cuatrocientas pesetas. Practica un diálogo hasta gastar todo el dinero.

Escribe el diálogo en tu cuaderno. No escribas en este libro.

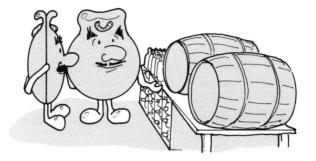

EN LA BODEGA

El bodeguero:	Buenas tardes, señora Fuentes. ¿Qué desea usted?
Sra. Fuentes:	Buenas tardes. Quiero una botella de vino blanco y dos botellas de vino tinto.
El bodeguero:	Sí, señora. ¿Algo más?
Sra. Fuentes:	Sí. Déme una botella de coñac bueno.
El bodeguero:	¿Algo más, señora?
Sra. Fuentes:	No, gracias. ¿Cuánto es todo?
El bodeguero:	Una botella de vino blanco cuesta noventa pesetas, y dos botellas de vino tinto cuestan doscientas diez pesetas. El coñac cuesta seiscientas pesetas. Son novecientas pesetas en total.
Sra. Fuentes:	¡Aquí tiene! Novecientas pesetas.
El bodeguero:	Gracias, señora Fuentes. Adiós.
Sra. Fuentes:	¡Ay! Me olvidaba. Quiero tres botellas de cerveza y dos botellas de gaseosa. ¿Cuánto es?
El bodeguero:	Tres botellas de cerveza cuestan ciento veinte pesetas, y dos botellas de gaseosa cuestan trescientas treinta pesetas. Son cuatrocientas cincuenta pesetas, señora.
Sra. Fuentes:	¡Aquí tiene! Quinientas pesetas.
El bodeguero:	¡Aquí tiene, señora! Diez duros de cambio. Adiós, señora.
Sra. Fuentes:	Adiós.

90 ptas.

105 ptas.
105 ptas.

600 ptas.

40 ptas.
40 ptas.
40 ptas.

165 ptas.
165 ptas.

5

Ejercicio 13

Copia este ejercicio en tu cuaderno.

Completa el diálogo usando las palabras de esta lista:
  caros, buenos, baratas, frescos, caras.

Tendero: ¿Quiere uvas señora? Son muy _____ . Sólo cuestan
        ciento cincuenta pesetas el kilo.

Clienta: No, gracias, son muy _____ . ¿Son _____ los tomates?

Tendero: Sí, señora, son muy _____ y son muy _____ también.

Cliente: ¿Cuánto cuestan?

Tendero: Los tomates cuestan treinta pesetas el kilo. No son _____ ,
        señora.

¡Lo siento! Tengo...				¿Cuánto es?

¡Lo siento!
También tengo . . .

Es	barato(s).
Son	caro(s).
	bueno(s).
	fresco(s).

No importa (señora), tengo cambio.

¿Cuánto es?

No tengo cambio.

Sólo
Solamente

tengo un billete de
(cinco) mil pesetas.

¡Ay! Me olvidaba.

¡QUE APROVECHE!

6

LAS HORAS DE LAS COMIDAS

El desayuno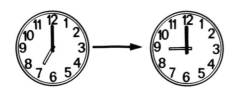

Los españoles toman el desayuno entre las siete y las nueve. No toman mucho para el desayuno. Nos explica la familia Fuentes:

Sra. Fuentes: Como pan tostado con mantequilla, y para beber tomo café con leche.

A veces como churros y bebo chocolate, pero entonces no como pan tostado y no bebo café.

Sr. Fuentes: A veces como pan tostado con un poco de mantequilla y bebo café solo, y, a veces, como churros y bebo chocolate.

Pedro: Como cereales y bebo zumo de naranja.

Teresa: Como cereales como mi hermano, pero bebo un vaso de leche fría.

Ejercicio 1 ¿Y tú? ¿Qué tomas para el desayuno?

Yo como huevos fritos con jamón
  y bebo té con leche.
¿Y tú? ¿Qué tomas para el desayuno?

Pregúntale a tu compañero o compañera.

6

La familia Fuentes toma el desayuno en casa a las ocho, pero muchos españoles toman el desayuno en una cafetería o en un bar cerca de donde trabajan.

Los bares en España

Abren a las seis de la mañana.

Cierran a las once de la noche

Camarero:	Buenos días. ¿Qué desean ustedes?
Pepe:	Dos chocolates y dos raciones de churros, por favor.
Camarero:	En seguida, señores.
Pepe:	¿Cuánto es?
Camarero:	Son doscientas pesetas.
Pepe:	¡Aquí tiene! Doscientas pesetas. Adiós.
Camarero:	Adiós.

¿Qué desean?		un chocolate dos chocolates

En seguida,	señor. señora. señorita. señores. señoras.

una ración dos raciones	de churros.

¿Cuánto es?

Ejercicio 2

Contesta estas preguntas en tu cuaderno.

1. ¿Qué come la señora Fuentes para el desayuno cuando bebe café con leche?
2. ¿Qué bebe la señora Fuentes cuando come churros?
3. ¿Qué bebe el señor Fuentes cuando come pan tostado?
4. ¿Qué pone el señor Fuentes en el pan tostado?
5. ¿Qué comen Pedro y Teresa para el desayuno?
6. ¿Qué bebe Pedro con el desayuno?
7. ¿Qué bebe Teresa con el desayuno?
8. ¿Dónde comen el desayuno muchos españoles?
9. ¿A qué hora abren los bares en España?
10. ¿A qué hora cierran los bares en España?

El almuerzo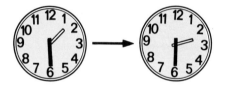

Los españoles toman el almuerzo en casa. Normalmente toman el almuerzo entre la una y media y las dos y media.

Sra. Fuentes: Normalmente tomamos el almuerzo en casa a las dos de la tarde. Por lo general, el almuerzo consiste en tres platos: para el primer plato tomamos sopa; el plato principal es de carne con patatas o arroz con pollo y una ensalada de lechuga y tomate con aceite y vinagre o legumbres; y de postre comemos fruta fresca del tiempo.

Con la comida bebemos vino tinto con gaseosa.

6

Ejercicio 3   ¿Verdad (✔)   o   mentira (X)?

1. La familia Fuentes toma el almuerzo a las dos.
2. El almuerzo consiste en tres platos.
3. El primer plato consiste en legumbres.
4. La familia Fuentes come arroz con carne.
5. La familia Fuentes come fruta en lata para el postre.
6. Carlos y Carmen beben vino tinto con la comida y Pedro y Teresa beben gaseosa.

La merienda

Los españoles toman la merienda por la tarde entre las cuatro y media y las seis.

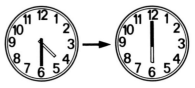

Pedro: Yo tomo la merienda en casa después de terminar en el instituto.

Como con o unos

y bebo un de fría.

Teresa: Yo también tomo la merienda en casa después de volver del colegio.

Como unos   y bebo .

Ejercicio 4   ¿Y tú? ¿Tomas la merienda después de volver a casa del colegio?

No, no tomo merienda, pero mi hermano toma la merienda.

¿Qué toma tu hermano para la merienda?

Come unas galletas o un pastel y bebe una taza de té con leche.

¿Y tú? ¿Qué tomas para la merienda?

Pregúntale a tu compañero o compañera.

Sr. Fuentes: Yo tomo la merienda en una cafetería al lado del trabajo, con un amigo.

Normalmente tomo café solo y unas galletas o un pastel.

Ejercicio 5   Ahora tú decides.

Escribe la contestación correcta en tu cuaderno.

1. Pedro y Teresa toman la merienda   (*a*) en el instituto.   (*b*) en el colegio.
    (*c*) en casa.

2. Pedro y Teresa toman   (*a*) pan con chocolate.   (*b*) pan tostado.
    (*c*) pasteles.

3. Para la merienda Carlos va a   (*a*) casa.   (*b*) un bar cerca de su casa.
    (*c*) un bar cerca de su trabajo.

4. Carlos toma la merienda   (*a*) con su jefe.   (*b*) con un compañero.
    (*c*) con sus compañeros de trabajo.

5. Carlos come   (*a*) pan tostado.   (*b*) churros.
    (*c*) una ración de tortilla.   (*d*) un pastel.

6. Carlos bebe   (*a*) café solo.   (*b*) café con leche.
    (*c*) coñac.   (*d*) café con coñac.

La cena

Los españoles toman la cena más tarde que los ingleses. Normalmente toman la cena entre las nueve y las once de la noche.

6

La familia Fuentes toma la cena a las diez de la noche, como nos explica la señora Fuentes:

Sra. Fuentes: Por lo general tomamos la cena a las diez de la noche. La cena consiste en carne, pollo asado, pescado, o una tortilla y postre. Carlos y yo bebemos café solo después de la cena y Pedro y Teresa beben café con leche o un vaso de leche.

Comemos tortilla española, que consiste en huevos y patatas, o tortilla a la francesa, que sólo tiene huevos.

Ejercicio 6

Escribe en tu cuaderno un menú típico de lo que come la familia Fuentes por la noche para la cena.

1º _____

2º _____

3º _____

Ejercicio 7   ¿Y tu familia? ¿A qué hora toma la cena tu familia?

 Mi familia toma la cena a las seis de la tarde normalmente.

¿Y tu familia? ¿A qué hora toma la cena tu familia?

Los domingos

Los domingos, muchos españoles van a la playa para pasar el día tomando el sol con la familia.

Sr. Fuentes: Los domingos nos gusta ir a la playa. A veces, llevamos un picnic y, a veces, comemos en un merendero en la playa.

EL MENÚ

Café Bar Carlos de Triana
c/ Sevilla 37.
Tel: 322537

Abierto: Días laborables: 6 mañana a 11 noche
               Festivos: 8 mañana a 12.30 noche

Para Beber	Ptas.	Para Comer	Ptas.
Cerveza	30	Tortilla	90
Vino de casa	35	Bocadillos	
Licores a escoger	95	Queso	85
Café	40	Chorizo	90
Té	35	Jamón (York)	100
Chocolate	55	Jamón (Serrano)	110
Manzanilla	40	Tapas	
Leche	45	(varias)	de 70 a 200
Fanta, Coca Cola,		Aceitunas	40
Sprite	50	Patatas fritas	45

Un menú típico

Ejercicio 8

Contesta estas preguntas en tu cuaderno.

1.   ¿Qué puedes pedir del menú para beber que . . .
     (*a*)   cuesta treinta pesetas?
     (*b*)   cuesta cuarenta y cinco pesetas?
     (*c*)   cuesta cincuenta y cinco pesetas?

2.   ¿Qué puedes pedir del menú para comer que . . .
     (*a*)   cuesta ciento diez pesetas?
     (*b*)   cuesta ochenta y cinco pesetas?
     (*c*)   cuesta noventa pesetas?

En el café bar Carlos de Triana

Cliente:	¡Oiga, camarero!
Camarero:	Sí, señor. ¿Qué van ustedes a tomar?
Cliente:	Tráiganos dos cervezas y una ración de tortilla y un bocadillo de queso.
Camarero:	En seguida, señor.
Cliente:	Camarero, dos cervezas más, por favor.
Camarero:	Sí, señor. ¿Algo más?
Cliente:	Sí, una ración de aceitunas.
Cliente:	Camarero, la cuenta, por favor.
Camarero:	Sí, señor. Cuatro cervezas son ciento sesenta pesetas. La ración de tortilla es noventa pesetas, y el bocadillo de queso cuesta ochenta y cinco pesetas, y las aceitunas cuestan cuarenta pesetas. Son trescientas setenta y cinco pesetas en total.
Cliente:	¡Aquí tiene! Cuatrocientas pesetas. Adiós.
Camarero:	Adiós, señor, y gracias.

¡Oiga camarero!

Tráigame/Tráiganos . . .

Un, dos . . . café(s)

Una, dos . . . cerveza(s)

Un bocadillo de . . .

Dos, tres . . . bocadillos de . . .

Camarero, la cuenta, por favor.

¿Qué desea(n) usted(es)?

¿Qué va(n)	usted(es)	a tomar?
¿Qué quiere(n) ¿Qué quiere(n)	usted(es)	para comer? para beber?

En seguida, señor/señora.
¡Aquí tiene!
¿Algo más?
Muchas gracias. Adiós.

6

Ejercicio 9

Con un compañero o una compañera

Practica una conversación (diferente de la conversación en la página 53) entre un cliente y el camarero en el café bar Carlos de Triana.

> 1º   Tú eres el cliente.

> 2º   Tú eres el camarero.

Los españoles también comen en restaurantes y hoteles en ciertas ocasiones.

¡Feliz aniversario querida!

LA HORA
¿A QUÉ HORA?

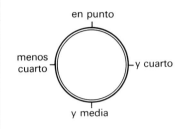

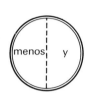

	mañana	
de la	tarde	
	noche	

 ¿A qué hora se levanta la familia Fuentes?
A las siete de la mañana.

¿A qué hora toma el desayuno la familia Fuentes?
A las ocho de la mañana.

¿A qué hora toma el almuerzo la familia Fuentes?
A las dos de la tarde.

¿A qué hora toma la cena la familia Fuentes?
A las diez de la noche.

¿A qué hora van al colegio Pedro y Teresa?
A las ocho y media de la mañana.

¿A qué hora hace las compras la señora Fuentes?
A las diez y cuarto de la mañana.

¿A qué hora va a casa el señor Fuentes para el almuerzo?
A la una y media de la tarde.

¿A qué hora va a la oficina otra vez el señor Fuentes?
A las cinco menos cuarto de la tarde.

¿A qué hora se acuestan Pedro y Teresa?
A las once de la noche.

¿A qué hora se acuestan Carlos y Carmen?
A las doce de la noche.

7

Ejercicio 1   ¿Y tú?

Ejemplo

¿A qué hora te levantas? Me levanto a las siete y media.

¿A qué hora tomas el almuerzo? Tomo el almuerzo a la una.

¿A qué hora te acuestas? Me acuesto a las diez menos cuarto.

¿Y tú?
1. ¿A qué hora te levantas?
2. ¿A qué hora tomas el desayuno?
3. ¿A qué hora tomas el almuerzo?

4. ¿A qué hora tomas la cena?
5. ¿A qué hora te acuestas?

¿QUÉ HORA ES?

Es la . . ./Son las . . .

Es la una de la mañana. `01:00`

Son las dos y cinco de la mañana. `02:05`

Son las tres y diez de la mañana. `03:10`

Son las cuatro y cuarto de la mañana. `04:15`

Son las cinco y veinte de la mañana. `05:20`

Son las seis y veinticinco de la mañana. `06:25`

Son las siete y media de la mañana. `07:30`

Son las nueve menos veinticinco de la mañana. `08:35`

Son las diez menos veinte de la mañana. `09:40`

Son las once menos cuarto de la mañana. `10:45`

Son las doce menos diez de la mañana. `11:50`

Es la una menos cinco de la tarde. `12:55`

Es la . . ./Son las . . .

Es la una de la tarde. `01:00`

Son las dos y cinco de la tarde. `02:05`

Son las tres y dies de la tarde. `03:10`

Son las cuatro y cuarto de la tarde. `04:15`

Son las cinco y veinte de la tarde. `05:20`

Son las seis y veinticinco de la tarde. `06:25`

Son las siete y media de la tarde. `07:30`

Son las nueve menos veinticinco de la noche. `08:35`

Son las diez menos veinte de la noche. `09:40`

Son las once menos cuarto de la noche. `10:45`

Son las doce menos diez de la noche. `11:50`

Es la una menos cinco de la mañana. `12:55`

Ejercicio 2   ¿Qué hora es?

En tu cuaderno indica la letra del reloj que corresponde al número con la hora correcta. No escribas en este libro.

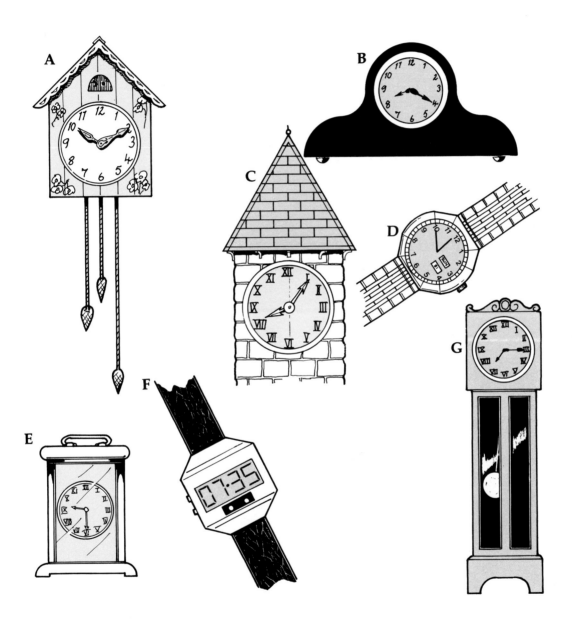

1. Son las doce menos diez.
2. Son las ocho menos veinticinco.
3. Son las ocho y cinco.
4. Son las siete y cuarto.

5. Son las nueve y media.
6. Son las diez y diez.
7. Son las ocho y veinte.

Ejercicio 3

Completa las frases con unas palabras adecuadas.

1 **2** **3** **4** **5** **6** **7**

1. Son las _____ y cuarto.
2. _____ las diez menos _____.
3. _____ la una y media.
4. Son las dos y _____.
5. Son las _____ y _____.
6. Son las _____ menos veinte.
7. _____ las doce _____ diez.

Ejercicio 4   ¿Puede usted decirme la hora, por favor?

━━━ Ejemplo ━━━

1. Son las dos en punto.

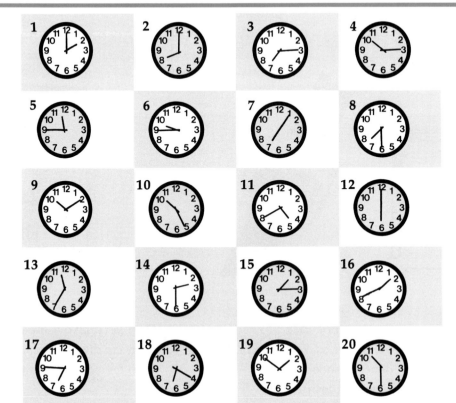

Ejercicio 5

Con un compañero o una compañera

Ejemplo

(a) **12·50**

Tú: ¿Qué hora es?

Compañero(-a): Es la una menos diez.

(b) **0 1·05**

Tú: ¿A qué hora sale el autobús?

Compañero(-a): Sale a la una y cinco.

Tú: Muchas gracias.

1. (a) **0 1·30**   (b) **0 1·35**   3. (a) **05·25**   (b) **05·30**

2. (a) **02·45**   (b) **03·00**   4. (a) **06·35**   (b) **06·40**

Ejercicio 6

Carlos Fuentes tiene que ir a Córdoba. Va en tren y quiere ir en el rápido.

Consulta el horario de trenes y contesta las preguntas.

Ida:

1. ¿A qué hora sale el rápido de Málaga?
2. ¿A qué hora llega a Bobadilla?
3. ¿A qué hora sale de Bobadilla?
4. ¿A qué hora llega a Córdoba?

Vuelta:

5. ¿A qué hora sale el rápido de Córdoba?
6. ¿A qué hora llega a Málaga?

CORDOBA → MALAGA y regreso (Algeciras–Granada)

4338 Tranvía	11512 Rápido	Km.		ESTACIONES		Km.	11513 Rápido	4337 Tranvía
13.00	16.18	—	S.	CORDOBA	Ll.	193	14.25	17.28
13.33	—	34		Fernán Núñez		159	—	16.55
13.58	17.09	50		Montilla		143	13.38	16.38
14.08	17.19	57		Aguilar Frontera		136	13.31	16.31
—	—	73		Campo Real		120	—	—
14.26	17.35	77		Puente Genil		116	13.15	16.15
14.38	17.45	90		Casariche		103	13.05	16.05
14.47	17.53	100		La Roda And.		93	12.57	15.58
14.57	—	112		Fuente Piedra		81	—	15.48
15.06	18.11	124	Ll.	Bobadilla	S.	—	12.36	15.39
15.22	18.52		S.	Bobadilla	Ll.		12.10	14.43
16.39	20.04		Ll.	Ronda	Ll.		11.00	13.29
18.38	21.47		Ll.	ALGECIRAS	S.		9.00	11.15
—	—		S.	ALGECIRAS	Ll.		—	18.38
—	—		Ll.	Ronda	Ll.		—	16.39
—	—		Ll.	Bobadilla	S.		—	15.22
15.20	19.35		S.	Bobadilla	Ll.		—	—
17.35	21.30		Ll.	GRANADA	S.		—	—
—	—			GRANADA	Ll.		—	17.35
—	—			Bobadilla	S.		—	15.20
15.24	18.15	—	S.	Bobadilla	Ll.	69	12.32	15.03
15.55	18.45	156		Alora		37	12.07	14.29
16.32	19.11	193	Ll.	MALAGA	S.	—	11.40	13.50

S. Salidas
Ll. Llegadas

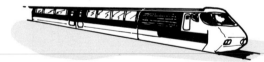

8

MÁS INDICACIONES

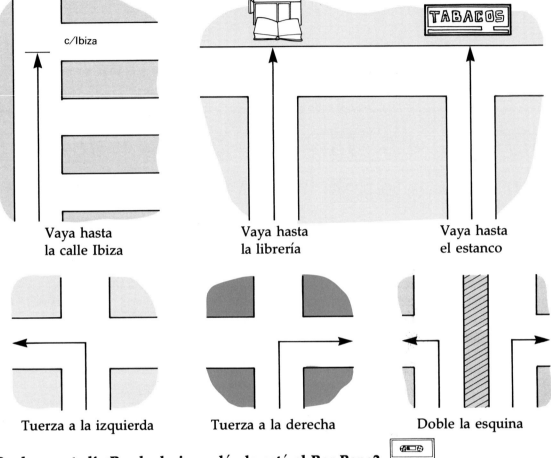

c/Ibiza

Vaya hasta
la calle Ibiza

Vaya hasta
la librería

Vaya hasta
el estanco

Tuerza a la izquierda

Tuerza a la derecha

Doble la esquina

¡Perdone usted! ¿Puede decirme dónde está el Bar Pepe?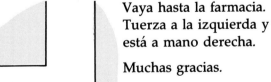

Vaya hasta la farmacia.
Doble la esquina y está
a mano derecha.

Muchas gracias.

De nada.

Vaya hasta la farmacia.
Tuerza a la izquierda y
está a mano derecha.

Muchas gracias.

De nada.

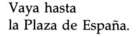

LA PLAZA
DE ESPAÑA

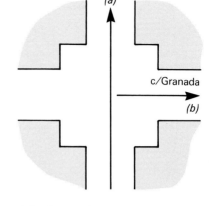

c/Granada

Vaya hasta
la Plaza de España.

(a) Cruce la plaza.
(b) Salga por la calle Granada.

(a) ¿Perdone usted! ¿Puede decirme dónde está el cine Colón?

(b) ¡Perdone usted! ¿Puede decirme dónde está el teatro Palafox?

LA PLAZA
DE ESPAÑA

c/Granada

(a) Vaya hasta la Plaza de España. Cruce la plaza y siga todo derecho. El cine Colón está a mano derecha.

Siga todo recto hasta la Plaza de España. Cruce la plaza y está a la derecha.

(b) Vaya hasta la Plaza de España. Salga por la calle Granada y está a mano izquierda.

Vaya hasta la Plaza de España. Doble la esquina a mano derecha y está a la izquierda.

8

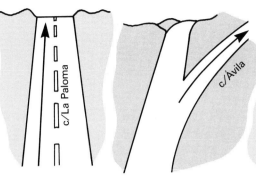

Siga todo derecho.

Suba por la calle Ávila.

Baje por la calle Sevilla.

Tome la siguiente calle a la derecha.

¡Perdone usted! ¿Dónde está Correos?

Vaya hasta la calle del Clavel. Suba por la calle del Clavel y está a la derecha.

Muchas gracias.

De nada.

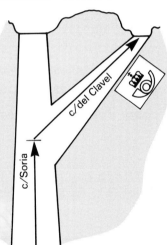

Siga todo derecho. Tome la siguiente calle a la derecha, la calle del Clavel, y está a la derecha.

Muchas gracias.

De nada.

¡Perdone usted! ¿Hay una Oficina de Turismo por aquí?

Sí. Vaya hasta la calle Aranjuez. Baje por la calle Aranjuez y está a la izquierda.

Muchas gracias.

De nada.

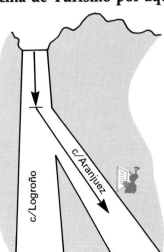

Sí. Siga todo recto. Tome la primera calle a la izquierda, la calle Aranjuez, y está a la izquierda.

Muchas gracias.

De nada.

| Vaya hasta | la Plaza de España. la calle . . . | | Tuerza a la | izquierda. derecha. |
| | el la | + { edificio. lugar. tienda. | Doble la esquina | a mano derecha. a mano izquierda. |

| Siga todo derecho. | | Suba Baje Salga | por la calle . . . |

| Tome la siguiente calle | a la derecha. a la izquierda. | Cruce | la plaza. la calle. |

Ejercicio 1   ¿Por dónde se va a . . .?

Escribe las respuestas en tu cuaderno.

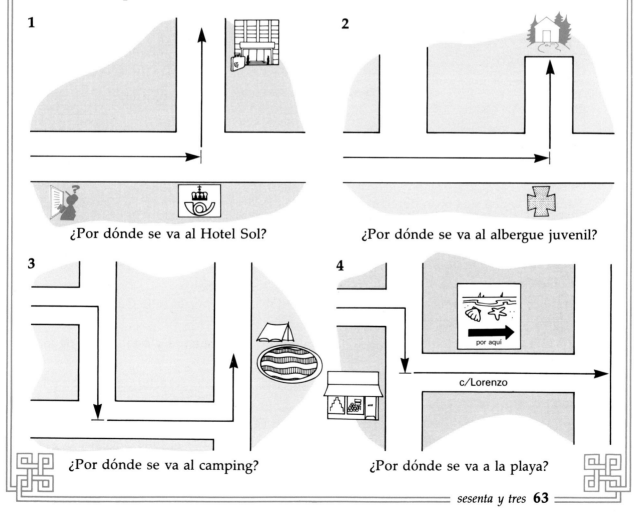

1

¿Por dónde se va al Hotel Sol?

2

¿Por dónde se va al albergue juvenil?

3

¿Por dónde se va al camping?

4

c/Lorenzo

por aquí

¿Por dónde se va a la playa?

8

Ejercicio 2 ¿Verdad (✔) o mentira (X)?

Usa este plano de un pueblo español para ver si las frases que siguen son verdad o mentira.

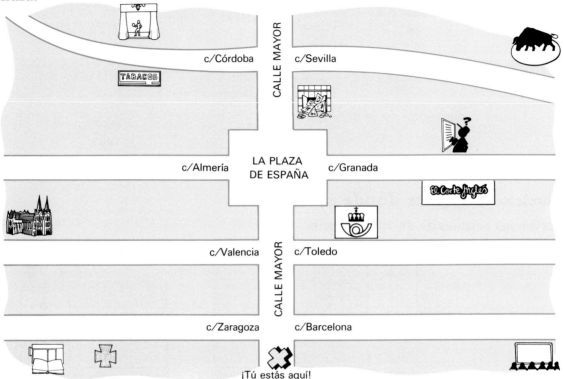

1. Para ir a Correos siga todo derecho. Tome la segunda calle a la izquierda y está a mano derecha.

2. Para ir al banco siga todo derecho hasta la Plaza de España. Cruce la plaza y el banco está a mano derecha.

3. Para ir al cine Palafox doble la esquina a mano derecha y está al final a la izquierda.

4. Para ir a la Oficina de Información y Turismo vaya hasta la Plaza de España. Salga por la calle Granada y está a mano derecha al lado del Corte Inglés.

5. Para ir al teatro Español vaya hasta la calle Córdoba. Suba por la calle Córdoba y está a la derecha enfrente del estanco.

6. Para ir a la librería Martínez tome la siguiente calle a la izquierda y está al lado de la farmacia.

7. Para ir a la catedral doble la esquina a la izquierda. Siga todo derecho calle arriba y la catedral está a la derecha.

8. Para ir a la Plaza de Toros vaya hasta la Plaza de España. Cruce la Plaza de España. Siga todo derecho por la calle Mayor. Tuerza a la derecha. Baje por la calle Sevilla y la Plaza de Toros está al final a la izquierda.

En la recepción del hotel

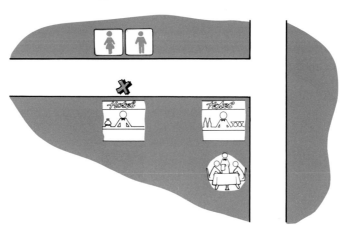

Cliente:	¡Perdone usted! ¿Dónde está el bar, por favor?
Recepcionista:	Siga todo derecho. El bar está al final a la derecha.
Cliente:	Muchas gracias.
Clienta:	¡Perdone! ¿Dónde está el restaurante?
Recepcionista:	Vaya hasta el bar y doble la esquina a la derecha. El restaurante está a mano derecha.
Clienta:	Muchas gracias.
Cliente:	¡Perdone! ¿Dónde está el servicio?
Recepcionista:	Los servicios están ahí, enfrente de la recepción.
Cliente:	Muchas gracias.
Recepcionista:	De nada, señor.

En el parque

SALIDA
POR AQUÍ

¡Perdone usted! ¿Por dónde se sale?

¿Cómo dice?

¿Dónde está la salida?

Siga todo derecho.

Muchas gracias.

8

Afuera de la catedral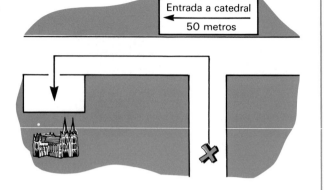

¡Por favor! ¿Por dónde se entra a la catedral?

¿Cómo dice?

¿Dónde está la entrada?

Doble la esquina y está a cincuenta metros.

Muchas gracias.

Ejercicio 3

Con un compañero o una compañera practica estas frases usando los modelos de las páginas 63 y 65.

¿Dónde está	la entrada? la salida? la playa? el hotel? el albergue juvenil? el camping? el bar? el restaurante? el servicio?	Está a . . . metros.

¿Por dónde se	va a . . .? entra? sale?

¿Hay un/una . . . por aquí?

Una heladería

Una farmacia

El Ayuntamiento de Málaga

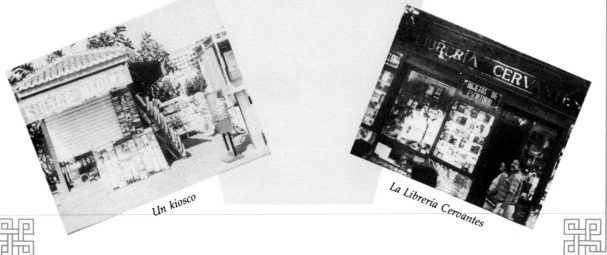

Un kiosco

La Librería Cervantes

8

Ejercicio 4

Con un compañero o una compañera practica estos diálogos.

━━━━━━━━━━━━━━━━━━ **Ejemplo** ━━━━━━━━━━━━━━━━━━

Tú: ¿Dónde está la entrada del parque?

Tú

Compañero(-a): Dobla la esquina y está a cien metros.

Compañero(-a)

100 m

──

1. *Tú:* Compañero(-a)

2. *Tú:* Compañero(-a)

3. *Tú:* Compañero(-a)

4. *Tú:* Compañero(-a)

Ejercicio 5

Con un compañero o una compañera

Usa este plano de parte de la ciudad de Málaga, para dar instrucciones de como llegar a: Correos, la Catedral, Teléfonos, la Iglesia de San Juan y el Banco de España.

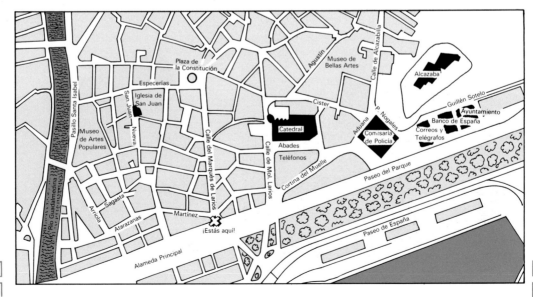

Ejercicio 6   Ejercicio de comprensión

Usa el plano de la página 68 para ver adónde van las personas que hablan.

El Ayuntamiento de Málaga

El Corte Inglés en Málaga

El Banco de España en Málaga

LA FAMILIA FUENTES

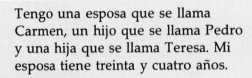

Tengo un esposo, un hijo y una hija. Mi esposo se llama Carlos y tiene treinta y siete años. Mi hijo se llama Pedro y mi hija se llama Teresa.

Tengo una esposa que se llama Carmen, un hijo que se llama Pedro y una hija que se llama Teresa. Mi esposa tiene treinta y cuatro años.

Yo soy el hijo. Tengo un padre, una madre y una hermana. Mi padre se llama Carlos, mi madre se llama Carmen y mi hermana se llama Teresa. Teresa tiene catorce años.

Yo soy la hija. Mis padres se llaman Carlos y Carmen y mi hermano se llama Pedro. Pedro tiene dieciséis años.

Ejercicio 1

Contesta las preguntas en tu cuaderno No escribas en este libro.

1. ¿Cómo se llama el padre de Pedro?
2. ¿Cuántos años tiene la madre de Teresa?
3. ¿Cuántos años tiene la hija de Carmen?
4. ¿Cuántos años tiene el hijo de Carlos?
5. ¿Cuántos años tiene la hermana de Pedro?
6. ¿Cuántos años tiene el hermano de Teresa?
7. ¿Y tú? ¿Cómo se llama tu padre?
8. ¿Y tú? ¿Cómo se llama tu madre?
9. ¿Cuántos años tiene tu padre?
10. ¿Cuántos años tiene tu madre?

```
Carmen López _____ Carlos Fuentes
de Fuentes               Gómez
            |
     _____|_____
    |               |
  Pedro           Teresa
```

¿TIENES HERMANOS?

Sí, tengo un hermano. Él tiene dieciséis años.

Sí, tengo una hermana. Ella se llama Teresa.

Pili

Sí, tengo dos hermanos y tres hermanas. Teresa es mi amiga.

Antonio

No, no tengo hermanos ni hermanas. Soy hijo único. Pedro es mi amigo.

Ejercicio 2 ¿Tienes hermanos?

Con un compañero o una compañera

```
━━━━━━━━━━━ Ejemplo ━━━━━━━━━━━
Compañero(-a):  ¿Tienes hermanos?

Tú:             Sí, tengo .../No, no tengo ...
```

Ejercicio 3

Contesta las preguntas siguientes.

1. ¿Tienes hermanos?
   ¿Cómo se llaman? ¿Cuántos años tienen?

2. ¿Tienes un amigo?
   ¿Cómo se llama él? ¿Cuántos años tiene él?

3. ¿Tienes una amiga?
   ¿Cómo se llama ella? ¿Cuántos años tiene ella?

Ejercicio 4

Con un compañero o una compañera

Compañero(-a): ¡Hola! ¿Cómo estás?

Tú: Muy bien gracias. ¿Y tú?

Compañero(-a): Muy bien gracias. ¿Quién es esta persona?

Tú: (a)

Compañero(-a): ¿Cómo se llama él/ella?

Tú: (b)

Compañero(-a): ¿Cuántos años tiene él/ella?

Tú: (c)

Compañero(-a): ¿Tiene hermanos?

Tú: (d)

1. (a) amigo
   (b) Juan
   (c) 14   (d)

2. (a) amiga
   (b) María
   (c) 13   (d)

3. (a) hija
   (b) Juanita
   (c) 17   (d)

4. (a) hijo
   (b) Antonio
   (c) 15   (d)

Ejercicio 5   ¿Verdad (✔) o mentira (X)?

Mira a la familia Martínez y decide que frases son correctas.

Alberto Martínez León ┬ Alicia Sanz de Martínez

Ana   María   Antonio

1. Ana, María y Antonio son los (hijos/hermanas/hermanos) de los señores Martínez.

2. María es la (amiga/hija/hermana) de Alicia.

3. Alberto es el (padre/hermano/hijo) de Antonio.

4. Ana es la (madre/amiga/hermana) de Antonio.

5. Antonio es el (hermano/hijo/amigo) de María.

6. Alicia es la (hermana/madre/amiga) de Ana.

7. Antonio es el (hermano/padre/hijo) de Alicia.

Ejercicio 6   La familia Cotelo

¿Qué puedes decir de esta familia?

Lina Ponce de Cotelo – Manolo Cotelo Ruiz
(39)   (42)

Martín	Yolanda	Alonso	Paquita	Daniel	Juan
(17)	(14)	(12)	(7)	(5)	(2)

Ejercicio 7   Ahora te toca a ti

Describe a tu familia.

¿QUIÉN ES?

Pedro: ¡Hola, Marco! ¿Qué tal?

Marco: Muy bien, gracias. ¿Y tú?

Pedro: Muy bien, gracias. ¿Quién es esta persona?

Marco: Éste es mi amigo de Inglaterra.

Pedro: ¿Cómo se llama?

Marco: Se llama John. Es mi correspondiente inglés.

Pedro: ¿Cuántos años tiene?

Marco: Tiene trece años.

Pedro: ¿Tiene hermanos?

Marco: Sí, tiene una hermana. Ella se llama Julie.

Mucho gusto, John.

¿Cómo estás? ¿Qué tal?	Muy bien gracias.

¿Cómo se llama él/ella? ¿Cuántos años tiene él/ella? ¿Cómo se llaman? ¿Cuántos años tienen?	Él/ella se llama … Él/ella tiene … años. Se llaman … Tienen … años.

¿Tiene/Tienes hermanos?	
Yo tengo	un hermano. dos hermanos. tres hermanos, etc.
Él tiene	una hermana.
Ella tiene	dos hermanas. tres hermanas, etc.
No tengo hermanos ni hermanas. Soy hijo(-a) único(-a).	

¿Quién es (esta persona)?	
Es	mi padre. mi amigo. mi hijo. mi hermano. mi esposo. mi madre. mi amiga. mi hija. mi hermana. mi esposa.
Son	mis padres. mis hijos.

GRAN BRETAÑA E IRLANDA

John es de Inglaterra.

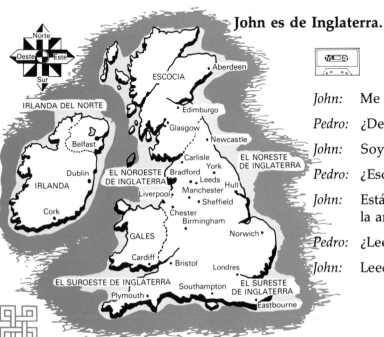

John: Me llamo John. Soy de Inglaterra.

Pedro: ¿De qué parte de Inglaterra?

John: Soy de Leeds.

Pedro: ¿Eso dónde está?

John: Está en el norte de Inglaterra cerca de la antigua ciudad romana de York.

Pedro: ¿Leeds es un pueblo o una ciudad?

John: Leeds es una ciudad.

9

Andrew y Kathryn son de Escocia.

Kate: Me llamo Kathryn pero mis amigos me llaman Kate. Mi hermano se llama Andrew.

Carlos: ¿De dónde sois, Kate?

Kate: Somos de Escocia.

Carlos: ¿De qué parte de Escocia?

Kate: De Edimburgo, en el este de Escocia.

Carlos: ¿Es grande o pequeño Edimburgo?

Kate: Edimburgo es una ciudad muy grande y es la capital de Escocia.

¿De dónde eres?
¿De qué parte de Inglaterra (Escocia, Gales o Irlanda)?
¿Dónde está eso?/¿Eso dónde está?
¿Vives en un pueblo o una ciudad?
¿Es grande o pequeño(-a)?

Ejercicio 8   ¿Y tú?

Contesta las preguntas en tu cuaderno. No escribas en este libro.

Ejemplo

1.   Quién es?

Es mi amiga.

¿Cómo se llama?

Se llama Margaret.

¿De dónde es?

Es de Inglaterra.

¿De qué parte de Inglaterra?

Es de Acomb.

¿Eso dónde está?

Está en York, en el norte de Inglaterra.

	Nombre	Domicilio
1.	Margaret	Acomb (York)
2.	Alvin	Chapeltown (Leeds)
3.	Imran	Heaton (Bradford)
4.	Nelini	Norton (Sheffield)
5.	Gareth	Whitchurch (Cardiff)
6.	Lloyd	Notting Hill (London)
7.	Angela	Trafford Park (Manchester)
8.	Sinead	Dunmurry (Belfast)
9.	Hugh	Haddington (East Lothian)

¿DÓNDE SE HABLA ESPAÑOL?

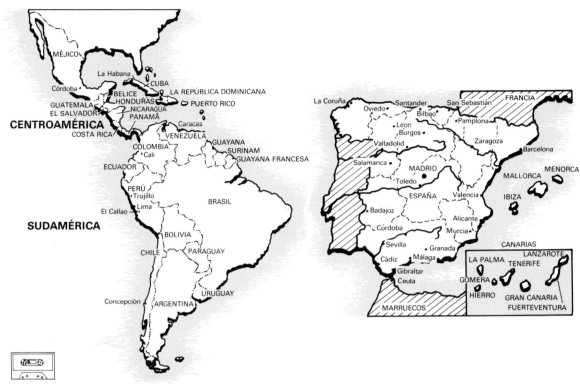

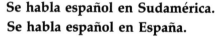

Se habla español en Centroamérica.
Se habla español en Cuba.

Se habla español en Sudamérica.
Se habla español en España.

Buenos días. Me llamo Alberto. Vivo en Méjico. Vivo en Córdoba, en el este del país.

¿Qué hay? Me llamo Roberto. Soy peruano. Soy de El Callao, un pueblo en la costa, pero vivo en Lima, capital del Perú.

¡Hola! Me llamo Adela. Soy cubana. Vivo en La Habana.

Buenas. Me llamo Yolanda, pero mis amigos me llaman Yoli. Soy española. Vivo en España. Soy de La Coruña, en el noroeste. Es un puerto de mar muy grande.

Ejercicio 9

Contesta las preguntas siguientes.

1. ¿Dónde viven Alberto, Roberto, Alicia y Yoli?

2. ¿De qué parte del país son?

3. ¿Quiénes de ellos hablan español?

4. ¿Dónde está Córdoba (El Callao, La Habana y La Coruña)?

Ejercicio 10

Con un compañero o una compañera practica estos diálogos.

Compañero(-a): ¿Cómo se llama tu amigo(-a)?

Tú:

Compañero(-a): ¿De dónde es?

Tú:

Compañero(-a): ¿Eso dónde está?

Tú:

	Nombre	Domicilio
1.	David	Caracas – Venezuela
2.	Luisa	Cali – Colombia
3.	Luciano	Trujillo – el Perú
4.	Carmela	Concepción – Chile
5.	José María	Sevilla – España
6.	Marta	Valencia – España

Vivo		la Gran Bretaña.
		Inglaterra, Escocia, Gales, Irlanda, Irlanda del Norte.
Vive	en	España, Méjico, Guatemala, el Salvador, Honduras, Nicaragua, Costa Rica, Panamá, Cuba, la República Dominicana, Puerto Rico, Colombia, Venezuela, el Perú, Bolivia, Ecuador, el Paraguay, el Uruguay, Chile, la Argentina, las Filipinas.
Vivimos		Centroamérica, Sudamérica.
		Londres, Manchester, Leeds, Edimburgo, Glasgow, Cardiff ...
Viven		Córdoba, Lima, La Habana, La Coruña, Málaga, Jaén ...

el norte, el sur, el este, el oeste, el noreste, el noroeste, el sureste, el suroeste.	de ...

Forastera:	¡Perdone Vd.! ¿Es ésta la parada del número once?
Transeúnte:	Sí, señora.
Forastera:	¿Sabe Vd. a qué hora viene el próximo autobús?
Transeúnte:	Un autobús sale cada diez minutos. El próximo autobús sale en cinco minutos.
Forastera:	Muchas gracias.
Transeúnte:	De nada, señora.
Forastera:	¿Sabe Vd. cuánto hay que pagar?
Transeúnte:	Sí, señora. Son cincuenta pesetas por viaje.
Forastera:	Muchas gracias.

¿Dónde hay una parada de autobuses por aquí?

¿Qué número tengo que coger?	Tiene que coger el número . . .
¿A qué hora viene el próximo autobús?	Un autobús sale cada diez minutos. El próximo autobús sale en cinco minutos.
¿Cuánto hay que pagar?	Cincuenta pesetas por viaje.

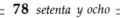

¿Cuánto vale el autobús?

Viajero:	¡Perdone Vd.! ¿Cuánto vale el autobús?
Conductor:	Vale cincuenta pesetas por viaje, pero si compra un billete Bono-bus es más barato.
Viajero:	¿Qué es un billete Bono-bus?
Conductor:	Es un billete que es válido para diez viajes.
Viajero:	¿Y cuánto vale el billete Bono-bus?
Conductor:	Vale trescientas quince pesetas, pero estudiantes y jubilados pagan menos.
Viajero:	¿Y dónde puedo comprar un billete Bono-bus?
Conductor:	Lo venden en todos los estancos, en la Caja de Ahorros de Ronda y en las máquinas que hay en algunas paradas.
Viajero:	Muchas gracias.
Conductor:	De nada.

PRECIOS DEL BONO-BUS

Adultos	**315 pesetas.**
Estudiantes y jubilados	**250 pesetas.**

Ejercicio 1 ¿Qué número de autobús tengo que coger?

Con un compañero o una compañera

Ejemplo

Compañero(-a): ¿Qué número de autobús tengo que coger para ir a la catedral?

Tú: Tiene que coger el número cuatro.

---

1 Nº 4

2 Nº 13

3 Nº 18

4 RENFE Nº 16

5 Nº 8

Ejercicio 2   ¿Cuándo sale el próximo autobús?

Con un compañero o una compañera

--- Ejemplo ---

1. *Compañero(-a):* ¿Qué hora es?

   Tú: Son las nueve menos cuarto.

   Compañero(-a): ¿Cuándo sale el próximo autobús?

   Tú: Sale en cinco minutos.

	Es la . . ./Son las . . .	El autobús sale a . . .
1.	8.45	8.50
2.	8.55	9.05
3.	9.20	9.35
4.	9.40	10.10
5.	11.55	12.55
6.	13.30	13.50

¡TAXI!

Taxista: ¿Adónde quiere ir?

Cliente: Quiero ir al Bar Capri. Está en la calle de la Paloma.

Taxista: Muy bien.

Taxista: El Bar Capri.

Cliente: ¿Qué le debo?

Taxista: Son cuatrocientas pesetas.

Cliente: ¡Aquí tiene! Adiós.

Taxista: Gracias. Adiós.

Clienta:	¿Cuánto vale ir al centro de la ciudad?
Taxista:	Lo que marque el contador.

. . . .

Cliente:	¿Cuánto vale ir al Corte Inglés?
Taxista:	Unas seiscientas cincuenta pesetas.

. . . .

Clienta:	¡Oiga! Sólo tengo dos mil pesetas. ¿Cuánto puede costar ir a Torremolinos?
Taxista:	Mil trescientas pesetas, más o menos.
Clienta:	Muy bien. Quiero ir al Hotel Al Andalus.

. . . .

Cliente:	¡Oiga! Quiero bajar aquí. ¿Cuánto es?
Taxista:	Son ochocientas pesetas.

Quiero	ir a . . .	Son . . . pesetas. Lo que marque el contador.
¿Cuánto vale ¿Cuánto puede costar	ir a . . . ?	Unas . . . pesetas. . . . pesetas, más o menos.

¡Oiga! Quiero bajar aquí.

¿Qué le debo?/¿Cuánto es?

Ejercicio 3

Con un compañero o una compañera

Usa las conversaciones de las páginas 80 y 81 como modelos para practicar unas conversaciones entre un taxista y un cliente.

1 500 ptas.   2 350 ptas.   3 250 ptas.

4 750 ptas.   5 150 ptas.

UN VIAJE EN TREN

Cuando Carlos Fuentes va a Madrid de negocios, normalmente va en tren. Carlos coge el tren en la estación de ferrocarril de Málaga.

Antes de subir al tren Carlos compra un billete en el despacho de billetes.

El tren para Madrid sale de la vía 1.

Carlos prefiere ir a Madrid en el Talgo (Tren Articulado Ligero Goicoechea-Oriol) y por eso tiene que pagar un suplemento.

En el despacho de billetes

Carlos:	Déme un billete para Madrid, por favor.
Empleado:	¿Sencillo o de ida y vuelta?
Carlos:	De ida y vuelta para el Talgo. ¿Cuánto es?
Empleado:	Tiene que pagar un suplemento para el Talgo. Con el suplemento son seis mil pesetas. ¿Cuándo quiere Vd. viajar?
Carlos:	Hoy. ¡Aquí tiene! Seis mil pesetas.
Empleado:	Muchas gracias. Su billete señor. ¡Buen viaje!
Carlos:	Gracias.

Viajero:	Un billete para Almería, por favor.
Empleado:	¿Sencillo o de ida y vuelta?
Viajero:	De ida sólo.
Empleado:	¿Qué día quiere Vd. viajar?
Viajero:	Mañana.
Empleado:	¡Aquí tiene! Un billete para Almería para mañana.
Viajero:	¡Muchas gracias! ¿Cuánto es?
Empleado:	Son setecientas pesetas. Gracias.

Ejercicio 4

Completa este diálogo con un compañero o una compañera.

Tú:	Quiero un billete para . . .
Compañero(-a):	¿Sencillo o de ida y vuelta?
Tú:	. . .
Compañero(-a):	¿Qué día quiere Vd. viajar?
Tú:	. . .

un billete	sencillo de ida sólo de ida y vuelta	para	Madrid el Talgo el Rápido

Tiene que pagar un suplemento.

¿Cuándo quiere Vd. viajar? ¿Qué día quiere Vd. viajar?	hoy mañana

¿De qué vía?

Viajero: ¿De qué vía sale el tren para Madrid, por favor?

Empleado: De la vía número uno.

Viajero: Muchas gracias.

Viajero: ¡Por favor! ¿De qué vía sale el tren para Málaga?

Empleado: Del andén tercero, vía número cuatro.

Viajero: Muchas gracias.

El Talgo en Madrid

EL METRO

Madrid tiene diez líneas de metro.
La estación de metro Tirso de Molina está en la línea número uno.

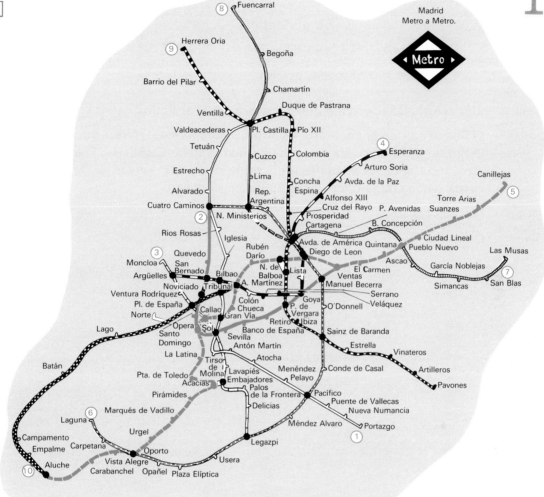

El plano del metro de Madrid

Forastero:	¡Por favor! ¿Qué tengo que hacer para ir a la Puerta del Sol?
Guardia:	Lo mejor sería ir en metro. Estamos en la calle O'Donnell. Tiene que coger la línea seis en la estación de metro O'Donnell. La línea seis es la línea Cuatro Caminos-Laguna. Tiene que tomar la dirección Cuatro Caminos y bajarse en la primera parada, o sea, en Manuel Becerra. Entonces tiene que coger la línea dos, la línea Cuatro Caminos-Ventas, y tomar la dirección Cuatro Caminos. La estación de metro Sol es la sexta parada.
Forastero:	Muchas gracias. ¿Puede decirme dónde está la estación de metro O'Donnell?
Guardia:	Sí. Siga todo recto y está al final de la calle a la derecha, a cien metros.
Forastero:	Muchas gracias. Adiós.
Guardia:	Adiós.

Forastera: ¡Por favor! ¿Qué línea tengo que tomar para ir a Moncloa?

Transeúnte: La línea número tres.

Forastera: Muchas gracias.

Forastero: ¡Por favor! ¿Dónde tengo que cambiar para ir al Retiro?

Transeúnte: El Retiro está en la línea dos, Cuatro Caminos-Ventas. Nosotros estamos en Diego de León, que está en la línea cinco, Aluche-Canillejas. Tiene que ir en dirección Canillejas y bajarse en la primera parada, Ventas. El Retiro es la cuarta parada de la línea dos después de Ventas.

Forastero: Muchas gracias.

Transeúnte: De nada.

Forastera: ¡Por favor! ¿Cuántas paradas hay a la Plaza Castilla?

Transeúnte: Hay seis paradas desde la Avenida de América donde estamos.

Forastera: Muchas gracias.

Transeúnte: No hay de qué.

¿Qué tengo que hacer para ir a ...?			Lo mejor sería ir en	autobús. taxi. metro.
¿Qué	número vía línea	tengo que coger para ir a ...?	Tiene que coger	el número ... la vía ... la línea ...
¿Cuántas paradas hay hasta ...?			Hay ... paradas.	
¿Dónde tengo que cambiar para ...?			Tiene que ...	

¡Por favor! ¿Dónde está la salida?

Está por aquí. Siga las indicaciones.

Ejercicio 5   ¿Cuál es la pregunta?

Ejemplo

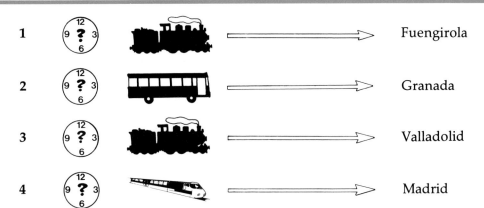

¿A qué hora sale el autobús para Torremolinos?

1			Fuengirola
2			Granada
3			Valladolid
4			Madrid

Ejercicio 6

Ordena las preguntas con las respuestas correctas.

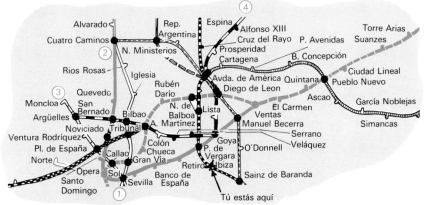

1. ¿Cuántas paradas hay hasta la Avenida de América?
2. ¿Dónde tengo que cambiar para ir a Sol?
3. ¿Qué línea tengo que coger para ir a Goya?
4. ¿Cuántas paradas hay hasta Diego de León?
5. ¿Cuántas veces tengo que cambiar para ir a Bilbao?
6. ¿Dónde tengo que cambiar para ir a Cartagena?
7. ¿Cuántas veces tengo que cambiar para ir a Santo Domingo?
8. ¿Qué línea tengo que coger para ir a Bilbao?

A. La línea cuatro.
B. En la Avenida de América.
C. Hay tres paradas.
D. En Puente de Vergara.
E. Una vez.
F. Hay cuatro paradas.
G. La línea dos.
H. Dos veces.

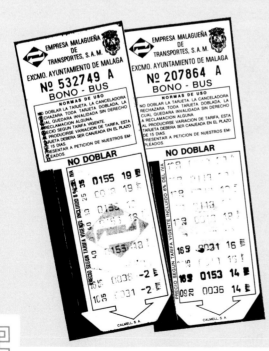

AUTOMOVILES PORTILLO, S. A.
Málaga Fuengirola
Precio total incluido
el seguro obligatorio
de viajeros
Consérvese el billete hasta final del trayecto.
o viceversa
Nº 005257
1 9 AGO. 1986
Canje

...VES PORTILLO, S. A.
...a-Mijas o viceversa
Nº 112920
serie 1
ptas.
25

E. MALAGUEÑA DE
TRANSPORTES, S. A. M.
B
PRECIO SEGUN
TARIFAS VIGENTES
(IVA incluido)
A presentar a
petición de cualquier empleado
533329 NIF. A-29112249

Madrid
Metro a Metro

EMPRESA MALAGUEÑA DE
TRANSPORTES, S. A. M.
EXCMO. AYUNTAMIENTO DE MALAGA
Nº 532749 A
BONO - BUS
NORMAS DE USO
NO DOBLAR

EMPRESA MALAGUEÑA DE
TRANSPORTES, S. A. M.
EXCMO. AYUNTAMIENTO DE MALAGA
Nº 207864 A
BONO - BUS
NORMAS DE USO
NO DOBLAR

Saltuv
S.A.L. DE TRANSPORTES
URBANOS DE VALENCIA
Nº 313026 · B
NO VALIDA PER A SERVEIS I LINIES ESPECIALS.
NO VALIDA PARA SERVICIOS Y LINEAS ESPECIALES.
IVA INCLÓS-IVA INCLUIDO
C.I.F. A-46021168

Ejercicio 7   ¿Cuál es la pregunta?
¿Cuál es la respuesta?

=== Ejemplo ===

¿De qué parada sale el autobús?
De la parada número dos.

1 Vía 1

2 Metro 4

3 Andén 4 Vía 7

Ejercicio 8

Con un compañero o una compañera practica estos diálogos.

=== Ejemplo ===

¿Qué autobús tengo que coger para ir a Marbella?

Tiene que coger el número ochenta.

¿A qué hora sale el autobús?

Sale a las diez y media.

1º Tú eres el viajero.
2º Ahora tú eres el empleado.

		🚏	🌉	🕐
🚌	Marbella	80		10.30
🚄	Sevilla	3		8.45
🚌	Nerja	59		10.55

		🚏	🌉	🕐
🚌	Granada	27		13.15
🚄	Algeciras	4		14.40
🚄	Madrid	1		21.35

Ejercicio 9

Ahora practica estos diálogos con un compañero o compañera.
Tu compañero(-a) es el empleado.

=== Ejemplo ===

 Fuengirola **X**   *Tú:*   ¿Este autobús va a Fuengirola?

Torremolinos ✔   *Compañero(-a):*   No. Este autobús va a Torremolinos.

1 Granada **X**

Madrid ✔

2 Almería **X**

Nerja ✔

Ejercicio 10

Practica estos diálogos con un compañero o una compañera.

Ejemplo

Tú:	¿Este autobús va a Granada?
Compañero(-a):	No, este autobús no va a Granada. Este autobús va a Jaén.
Tú:	¿A qué hora llega el autobús para Granada?
Compañero(-a):	Llega a las doce treinta.
Tú:	¿A qué hora sale el autobús para Granada?
Compañero(-a):	Sale a las doce cincuenta.

	(a)	(b)	(c)
Tú:	? → Granada	? → Sevilla	? → Córdoba
Compañero(-a):	X → Jaén	X → Cádiz	X → Huelva
Tú:			
Compañero(-a):	Granada 12.30	Sevilla 14.30	Córdoba 17.05
Tú:			
Compañero(-a):	Granada 12.50	Sevilla 14.50	Córdoba 17.15

EN INFORMACIONES

Carlos Fuentes vuelve a Málaga, después de su viaje a Madrid. Carlos va a la estación de ferrocarril para informarse de los trenes para Málaga.

Carlos:	¡Por favor! ¿Puede decirme si el próximo tren para Málaga va directo?
Empleado:	No señor. Tiene Vd. que hacer cambio en Linares.
Carlos:	¿Cuándo hay otro tren para Málaga?
Empleado:	En una hora.
Carlos:	¿Y ese tren va directamente a Málaga?
Empleado:	Sí, señor. El Talgo va directamente a Málaga.
Carlos:	¿Y cuándo llega a Málaga, por favor?
Empleado:	Llega a Málaga a las nueve menos cuarto de la mañana.
Carlos:	Muchas gracias.
Empleado:	No hay de qué.

| ¿El próximo tren | va directamente a
va directo a | Málaga? |

¿Cuándo hay otro tren?

| ¿Dónde tengo que cambiar? | Tiene que cambiar en
Tiene que hacer cambio en | Linares. |

| ¿A qué hora | sale
llega | el tren | para Málaga?
a Málaga? |

Ejercicio 11

Practica estos diálogos con un compañero o una compañera.

Tú eres Carlos, etc.

=== Ejemplo ===

1. *Carlos Fuentes:* Quiero un billete de ida y vuelta para Sevilla.

Companero(-a): Sí, señor. Aquí tiene.

Carlos Fuentes: ¿A qué hora sale el próximo tren para Sevilla?

Companero(-a): Sale a las seis y once.

Carlos Fuentes: ¿De qué vía sale?

Companero(-a): Sale de la vía tres.

					Sale	Vía
1.	Carlos Fuentes	Málaga	⟷	Sevilla	6.11	3
2.	Sra. Martínez	Málaga	⟶	Jaén	7.14	4
3.	Pedro (y Paco)	Málaga	⟷	Fuengirola	8.25	1
4.	Teresa	Málaga	⟶	Almería	8.36	2
5.	Pili	Málaga	⟷	Marbella	9.49	1
6.	Don Manuel	Granada	⟶	Málaga	12.47	5
7.	Doña Isabel	Huelva	⟶	Málaga	13.27	3
8.	Antonio	Almería	⟷	Málaga	15.37	2

Ejercicio 12   ¿Verdad (✔) o mentira (X)?

HUELVA → SEVILLA → MADRID

Identificatión del tren	TALGO 11113 113	Exp. 811	Exp. 39311
Prestaciones Plazas asiento / Cama o litera / Restauración / Particularidades	1.2 ✗	1.2	1.2 ✗
HUELVA-Término...................................S.	13.15	21.50	23.15
San Juan del Puerto (apd.).......................	13.26	22.12	23.38
La Palma del Condado............................	13.42	22.34	23.50
Escacena (apd.)....................................		22.48	0.03
SEVILLA-P. Armas................................Ll.		23.48	0.53
....S.		0.07	1.13
SEVILLA-San Bernardo........................Ll.	14.47		
....S.	15.06		
Los Rosales...		0.59	1.46
Lora del Río..		1.18	2.04
Palma del Río......................................		1.36	2.22
CORDOBA..Ll.	16.15	2.13	2.59
....S.	16.20	2.26	3.09
Los Cansinos (apd.)..............................			3.52
Pedro Abad (apd.)................................			4.06
Montoro...		3.16	4.06
Andújar...	17.17	3.50	4.41
Espeluy...	17.34	4.09	5.00
Linares-Baeza......................................	17.54	4.33	5.22
Vilches..	18.11	4.54	5.42
Manzanares...		6.16	7.19
Alcázar de San Juan..............................	19.37	7.04	7.58
MADRID-Atocha...............................Ll.	21.03	8.50	9.45

(columna vertical: COSTA DE LA LUZ EXPRESO)

S. Salida   Ll. Llegada

1. El Talgo llega a Sevilla (Plaza de Armas) a las 14.47.
2. El expreso 811 sale de Córdoba a las 2.26 de la mañana.
3. El expreso 39311 es el Costa de la Luz Expreso.
4. El Talgo sale de Córdoba a las 16.20
5. El expreso 39311 sale de Los Cansinos a las 3.09 de la mañana.
6. El expreso 811 llega a Madrid a las nueve menos diez de la mañana.
7. El Talgo llega a Manzanares a las 18.11.
8. El expreso 39311 llega a Madrid a las diez menos cuarto de la noche.

Ejercicio 13

Con un compañero o una compañera

	Tú: ¿Qué preguntas?		Compañero(-a): ¿Qué contestas?
1	🕐 🚌 →	🏰	13.20
2	🕐 🚂 →	Cádiz	09.00
3	🕐 🚄 →	Valencia	11.30
4	🕐 🚂	Huelva ←	23.17
5	🧍 🚄		a Barcelona

Ejercicio 14

Ahora escribe una conversación en tu cuaderno usando el vocabulario de la página 91. Tienes que incluir los datos siguientes.

(a) 🚂 (b) Málaga ←→ Sevilla   (c) Cambiar de 🚂 en Bobadilla

(d) Málaga ⇒ 10.00   (e) Sevilla ← 14.26

¡Feliz viaje!

COMER FUERA DE CASA

EN EL CAFÉ BAR

En España hay muchos bares, cafés y cafeterías. Los españoles van allí para encontrarse con sus amigos. Charlan un poco y toman algo de comer y beber.

El Cosmopólita Bar está en la calle del Marqués de Larios en Málaga.

En el Cosmopólita Bar

Cliente:	Camarero, tráigame una cerveza, por favor.
Camarero:	En seguida, señor. ¿Quiere comer algo?
Cliente:	Quiero algo ligero. ¿Qué tapas hay?
Camarero:	Hay boquerones en vinagre, ensaladilla rusa con atún, pulpo en mayonesa, tortilla y también tenemos bocadillos.
Cliente:	¿Qué clase de bocadillos tiene?
Camarero:	Hay bocadillos de queso, jamón de York, jamón serrano, chorizo y salchichón.
Cliente:	Tráigame una ración de boquerones.
Camarero:	En seguida se la traigo.
Cliente:	Camarero, la cuenta, por favor.
Camarero:	Ahora mismo, señor.

Ejercicio 1

Contesta las preguntas siguientes.

1. ¿Cuántos clientes hay?

2. ¿Qué pide el cliente de beber?

3. ¿Qué tapa pide?

4. Aparte de los boquerones, ¿cuántas otras tapas hay?

5. Aparte de los bocadillos de jamón, ¿cuántos bocadillos diferentes hay?

En la Cafetería Sol y Mar

Clienta: Camarero, tráiganos dos copas de helado y un zumo de naranja, por favor.

Camarero: Sí, señora.

Camarero: ¡Por favor! ¿Para quién son los helados?

Clienta: Para mis hijos, y el zumo de naranja es para mí.

Camarero: Muy bien, señora. ¿Algo más?

Clienta: Sí, traiga un café solo y un trozo de pastel con nata para mi hermana que acaba de llegar.

Camarero: En seguida, señora.

Clienta: Camarero, la cuenta, por favor.

Camarero: ¡Aquí tiene, señora! Muchas gracias. Adiós.

Clienta: Adiós.

> Helados (varios)
> Batidos
> Zumos de fruta
> Cerveza
> Licores (a escoger)
> Bocadillos (varios)

Ejercicio 2

Contesta la preguntas siguientes.

1. ¿Cuántos clientes hay en total?
2. ¿Para quién son los helados?
3. ¿Qué bebe la clienta que habla?
4. ¿Qué pide para beber después y para quién es?
5. ¿Qué es lo que pide con nata?

La Cafetería Sol y Mar está en la Alameda Principal, enfrente de la Entrada del Puerto.

> ¿Qué tapas hay?
> ¿Qué clase de bocadillos tiene?
>
> Camarero, la cuenta, por favor.

> ¿Quiere comer algo?
> En seguida, señor.
> En seguida se lo/la traigo.
> Ahora mismo.

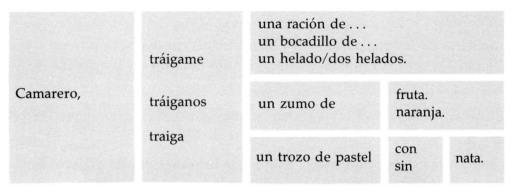

		una ración de . . . un bocadillo de . . . un helado/dos helados.		
Camarero,	tráigame			
	tráiganos	un zumo de	fruta. naranja.	
	traiga	un trozo de pastel	con sin	nata.

El Bar Sol está en Torremolinos. Los españoles y los turistas extranjeros van allí durante el día. Comen varias clases de tapas y bocadillos. Beben cerveza, vino o café.

Los españoles normalmente toman el café solo, o con coñac o anís.

Muchos extranjeros beben café con leche.

Ejercicio 3

En tu cuaderno contesta estas preguntas sobre el Bar Sol.

1. ¿Quiénes van al Bar Sol en Torremolinos?

2. ¿Cuándo van allí?

3. ¿Cómo beben el café los españoles?

4. ¿Y los extranjeros, cómo beben el café?

Ejercicio 4

Usa los modelos de las páginas 93 y 94 para escribir un diálogo entre un camarero y un(a) cliente(-a), pero sin copiar lo que piden los clientes de las páginas 93 y 94.

No escribas en este libro.

Ejercicio 5

Con un compañero o una compañera practica la información del diálogo del ejercicio 4.

1º Tú eres el camarero. Tienes que escribir en tu cuaderno lo que pide tu compañero(-a).

2º Tú eres el cliente. Tu compañero(-a) tiene que escribir en su cuaderno lo que pides tú.

Ejercicio 6

Con un compañero o una compañera practica este diálogo.

Después, escribe el diálogo en tu cuaderno. No escribas en este libro.

1º Tú eres el cliente.

2º Ahora, tú eres el camarero.

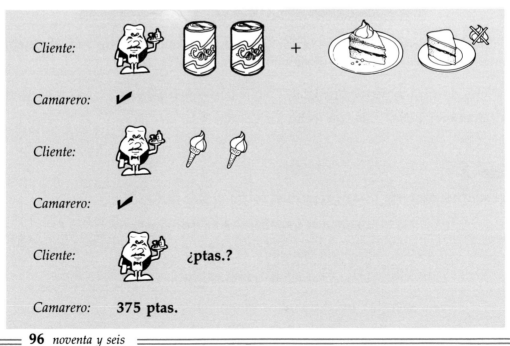

Ejercicio 7

Ahora usa el menú del Bar Sol de la página 95 para escribir un diálogo en tu cuaderno. Usa la información siguiente.

(*a*)   Tú quieres   **3**   y   **1** ☕   (*c*)   Pide más tapas.

(*b*)   Pide algo de comer.   (*d*)   Paga por la comida y la bebida.
Pide tapas y bocadillos.

EN LOS RESTAURANTES

En España también hay muchos restaurantes y mesones donde uno puede ir a comer una comida. A los españoles les gusta mucho comer fuera de casa.

En el mesón La Manchega

El mesón La Manchega está en el centro de Málaga.

Cliente:	Buenos días. ¿Tiene una mesa para tres?
Camarero:	Sí, señor, por aquí . . . El menú.
Cliente:	Gracias. Para empezar tráiganos tres platos de paella. Entonces, tráiganos dos platos de merluza con una ensalada mixta y un biftec con patatas fritas. Y para terminar tres helados con macedonia de fruta fresca.
Camarero:	Sí, señor. ¿Y para beber?
Cliente:	Tráiganos una botella de vino blanco y una botella de vino tinto.

Cliente: Camarero, la cuenta, por favor.

Camarero: En seguida, señor. ¡Aquí tiene la cuenta!

Cliente: ¿Va incluido el servicio?

Camarero: Sí, señor.

Cliente: Bueno. Vamos a ver. Son cinco mil pesetas ¿verdad?

Camarero: Sí, señor.

Cliente: ¡Aquí tiene! Cinco mil de la cuenta y quinientas pesetas de propina. Esto es para ti, por el buen servicio.

Camarero: Muchísimas gracias, señores. Adiós.

El buffet libre

En los grandes comercios o almacenes como el Corte Inglés y Felix Saez también hay restaurantes. En Felix Saez hay un buffet libre. Se paga novecientas noventa y cinco pesetas y se puede comer de todo.

En el Corte Inglés hay un restaurante normal y un buffet libre. El buffet libre del Corte Inglés cuesta mil doscientas pesetas. En Fuengirola y Torremolinos también hay buffets libres pero éstos son más baratos.

Los merenderos

En los lugares de playa, como Málaga, hay muchos merenderos cerca del mar. Muchos españoles comen en los merenderos de la playa, especialmente los domingos.

Muchos merenderos solamente abren durante la temporada del verano. En los merenderos se come bastante barato, especialmente si uno quiere comer pescado fresco. Algunos merenderos sólo venden mariscos.

En los merenderos también se puede comer paella.

En un merendero de la playa

Cliente:	¿Tiene una mesa para seis?
Camarero:	Sí, señor. Aquí hay una mesa para seis.
Cliente:	¿Qué hay en el menú hoy?
Camarero:	Tenemos boquerones fritos, merluza asada, sardinas, calamares, ensalada de pulpo. También tenemos sopa de marisco y paella. Si quiere le podemos hacer un biftec con patatas fritas o unas costillas de cerdo.
Cliente:	No. Queremos comer pescado. Tráiganos seis platos de paella y un plato de rosada y dos platos de calamares. ¿Qué ensaladas hay?
Camarero:	Hay ensalada mixta, ensalada de pimientos asados, ensalada de pulpo.
Cliente:	Tráiganos una ensalada mixta para seis y unos cuantos pimientos asados.
Camarero:	Muy bien. ¿Y para beber?
Cliente:	Traiga dos botellas de vino tinto y dos botellas de gaseosa. Y traiga una jarra de cerveza también.
Camarero:	Muy bien. En seguida se lo traigo.

¿Tiene una mesa para	uno? dos? tres?

¿Qué hay en el menú hoy?

Para empezar Entonces Y para terminar	tráigame . . . tráiganos . . .

Tráigame Tráiganos	una botella de	vino	blanco. tinto.
		agua mineral.	

¿Va incluido el servicio?

Ejercicio 8

Con un compañero o una compañera

Usa el menú del restaurante As de Oros de Ronda para pedir una comida para dos personas.

Tú eres el camarero y tu compañero(-a) el cliente.

Ejercicio 9

En tu cuaderno escribe sólo lo que pide el cliente, tu compañero(-a) en el ejercicio 8.

Tu compañero(-a) tiene que escribir en su cuaderno las preguntas del camarero.

Restaurante
'As de Oros de Ronda'

Menú del día	850 pesetas
Entremeses	Sopa de fideos Menestra de Verduras Paella
Carne y Pescado	Filete de ternera con patatas fritas. Bacalao la Vizcaína Merluza y ensalada mixta
Postres	Helados (varios sabores) Macedonia de fruta fresca Flan español
Extras	Vino de casa, cerveza, agua mineral

SERVICIO INCLUIDO

En España también hay muchos hoteles, especialmente en los lugares de veraneo. La mayoría de los hoteles están cerca de la playa y todos tienen buenos restaurantes donde uno puede escoger platos del menú del día, o comer a la carta.

El menú del Hotel Miramar es típico de los menús del día de muchos hoteles de la Costa del Sol.

HOTEL MIRAMAR
Menú del día

Entremeses:	Sopa de tomate
	Zumo de fruta (varios)
	Paté
Platos a Escoger:	Pescado frito
	Bistec con patatas fritas
	Chuleta de cerdo
	Hígado
	Gambas a la Plancha

Todos estos platos se sirven con una ensalada de tomate y lechuga.

Postres:	Macedonia de fruta fresca
	Fruta fresca del tiempo
	Flan español
	Melocotones con helado
	Fresas con nata
Para beber:	Aguas minerales, café, té, vino de casa.
Extras:	Pan, mantequilla.

Precio: 1475 pesetas.

SERVICIO INCLUIDO

Ejercicio 10

En tu cuaderno escribe el nombre de un plato de cada parte del menú que a ti te gustaría comer.

Ahora, con un compañero o una compañera practica el diálogo entre el cliente (tú) y el camarero (tu compañero(-a)).

1º Tú eres el cliente.
2º Ahora tú eres el camarero.

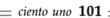

12 VIAJANDO A ESPAÑA EN COCHE

Cuando se va a España en coche, además de sacar un carnet de conducir internacional, es una buena idea llevar una carta verde de seguro pero no es obligatorio.

EN LA FRONTERA ENTRE FRANCIA Y ESPAÑA

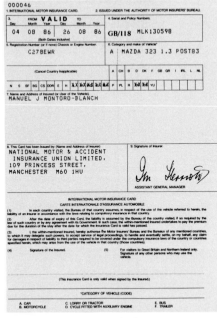

Una carta verde de seguro

Aduanero: Buenos días. ¿Sus pasaportes, por favor?

Viajero: Buenos días. ¡Aquí tiene!

Aduanero: Muchas gracias. ¿Quiere enseñarme su carnet de conducir y su carta verde, por favor?
¿Tienen ustedes algo que declarar?
¿Tabaco, bebidas, perfume, artículos de lujo?

Viajero: No. No tenemos nada que declarar.

Aduanero: Muchas gracias. Ya pueden seguir. Bienvenidos a España y buen viaje.

Viajero: Muchas gracias. Adiós.

¿Tienen algo que declarar?	Sí. Tenemos . . . (whiskey, perfume, tabaco, una cámara fotográfica, regalos para unos amigos, un radiocassette . . .)
	No. No tenemos nada que declarar.
¿Su(s) pasaporte(s)? ¿Su carnet de conducir, por favor? ¿Su carta verde?	¡Aquí tiene!

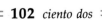

EN UNA GASOLINERA

En busca de una gasolínera

Viajero: ¡Por favor! ¿Dónde hay una gasolinera por aquí?

Transeúnte: Cien metros más abajo, a mano izquierda.

Viajero: Muchas gracias.

Transeúnte: No hay de qué.

En España muy pocas gasolineras son de autoservicio.

Empleado: Buenos días. ¿Qué desea usted?

Viajero: Buenos días. Llene el tanque, por favor.

Empleado: ¿Súper o normal?

Viajero: Súper, por favor.

Empleado: Son dos mil pesetas.

Viajero: ¡Aquí tiene! Adiós.

Empleado: Gracias. Adiós.

12

Comprando gasolina

Sra. Pérez:	Buenos días. Póngame treinta litros de gasolina, por favor.
Empleado:	¿Súper o normal?
Sra. Pérez:	Normal, por favor.
Empleado:	Muy bien. ¿Algo más?
Sra. Pérez:	Sí. ¿Quiere mirar el aceite y el agua del radiador?
Empleado:	El aceite y el agua están bien.
Sra. Pérez:	¿Cuánto es?
Empleado:	Son dos mil quinientas pesetas.
Carlos:	Buenas tardes.
Empleado:	Buenas tardes.
Carlos:	Póngame mil pesetas de súper, por favor.
Empleado:	Sí, señor.
Carlos:	¿Quiere mirar el aire de los neumáticos y chequear el agua en la batería también, por favor?
Empleado:	Los neumáticos están bien pero falta un poco de agua en la batería.
Carlos:	¿Qué le debo?
Empleado:	Mil pesetas. Gracias.

Ejercicio 1

Ahora contesta estas preguntas.

1. ¿Dónde está el viajero del primer diálogo?
2. ¿Qué quiere comprar?
3. ¿Qué clase de gasolina compra la señora Pérez?
4. ¿Necesita agua el radiador del coche de la señora Pérez?
5. ¿Cuánta gasolina compra Carlos Fuentes?
6. ¿Necesitan aire los neumáticos del coche de Carlos?
7. ¿Necesita agua la batería del coche de Carlos?

Ejercicio 2   ¿Qué necesitas tú?

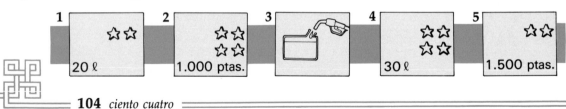

Ejercicio 3   ¡Por favor! ¿Quiere mirar...?

1   2   3   4   5

Llene el tanque,				
Póngame	... ptas.	de	súper,	por favor.
	... litros		normal,	
¿Quiere mirar	el aceite? el agua en el radiador? el agua en la batería? el aire en los neumáticos?			

Ejercicio 4

Con un compañero o una compañera practica el diálogo siguiente.
Tu compañero(-a) es el empleado de la gasolinera.

Empleado: Buenas tardes. ¿Qué desea?

Tú: (a) 15ℓ ☆☆ (b) 2.500 ptas. ☆☆☆☆ (c)   (d) 25ℓ ☆☆☆☆

Empleado: ¿Algo más?

Tu: (a)   (b)   (c)   (d)

Empleado: Está bien.

El precio de la gasolina

Un litro (1 ℓ) de ☆☆ cuesta ochenta pesetas.

Un litro (1 ℓ) de ☆☆☆☆ cuesta ochenta y dos pesetas.

Ejercicio 5   ¿Cuánto cuestan...?

1 ☆☆☆☆ 10 ℓ 2 ☆☆ 15 ℓ 3 ☆☆ 20 ℓ 4 ☆☆☆☆ 25 ℓ 5 ☆☆☆☆ 30 ℓ

Ejercicio 6

¿Cuánta gasolina compra...?   ¿Cuántos litros compra...?

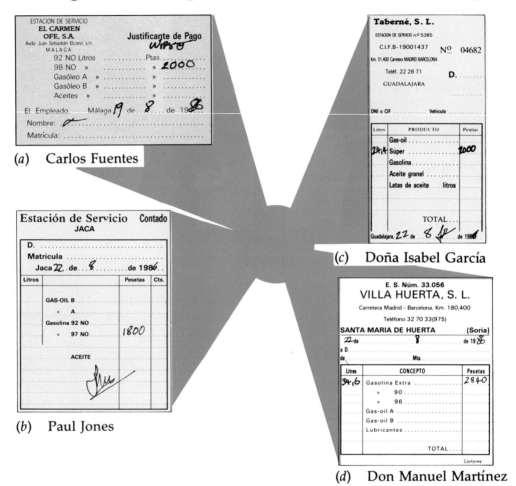

(a)   Carlos Fuentes

(c)   Doña Isabel García

(b)   Paul Jones

(d)   Don Manuel Martínez

Ejercicio 7

En tu cuaderno escribe un diálogo entre una de estas personas y el empleado de la gasolinera. Usa la información del recibo de la gasolina correspondiente.

Ejercicio 8

Con un compañero o una compañera practica este diálogo.

1º Tú eres el cliente.
2º Tú eres el empleado de la gasolinera.

Necesitas: 20 litros de súper, aire en los neumáticos, agua en el radiador.

PROHIBIDO ESTACIONARSE

Guardia: ¡Oiga usted! Aquí está prohibido estacionarse.

Forastero: ¡Lo siento! Mi coche no anda. No sé por qué. ¿Puede ayudarme?

Guardia: ¿Qué es lo que pasa?

Estacionamiento
prohibido

Forastero: El motor no arranca.

Guardia: ¿Está baja la batería?

Forastero: No. La batería está bien.

Guardia: ¿Quiere que llame al Real Automóvil Club Español o a un garaje?

Forastero: No, gracias. No soy miembro del Real Automóvil Club Español. ¿Hay un taller cerca de aquí?

Guardia: Sí, señor. Doble la esquina y está a mano derecha.

Forastero: Muchas gracias.

Guardia: De nada.

EN EL TALLER

Forastero: Buenos días. ¿Puede ayudarme? Mi coche no arranca.

Mecánico: Sí, señor. ¡Ahora mismo! Tiene que dejar el coche aquí y puede recogerlo mañana.

Forastero: Muchas gracias. Adiós.

Mecánico: Hasta mañana.

Mi coche no anda. El motor no arranca. No sé por qué/No sé le que tiene.	¿Quiere que llame	al RACE? a un garaje? a un taller? a la grúa?

¿Dónde hay ¿Hay	una gasolinera un taller	por aquí? cerca de aquí?

¿Está baja la batería?	No, la batería está bien.
Puede recogerlo mañana.	

12

Forastero:	¿Está listo mi coche?
Mecánico:	Sí, señor.
Forastero:	¿Cuánto es?
Mecánico:	Son cinco mil pesetas.
Forastero:	¡Aquí tiene! ¿Repara usted pinchazos?
Mecánico:	Sí, señor.
Forastero:	La llanta de repuestos está pinchada. ¿Cuánto tiempo tarda reparar el pinchazo?
Mecánico:	Cinco minutos.
Forastero:	Muy bien.

¿Está listo mi coche?
¿Repara usted pinchazos?

La llanta		está pinchada.
	de repuestos	
El neumático		está pinchado.

¿Cuánto tiempo tarda reparar el pinchazo?

Ejercicio 9   ¿Qué frase puedes usar?

1

2

3

Ejercicio 10   ¿Cuál es la respuesta correcta?

Escribe en tu cuaderno. No escribas en este libro.

1. Mi coche no anda. ¿Puede ayudarme?
2. ¿Puedo ver su carnet de conducir, por favor?
3. ¿Dónde hay una gasolinera?
4. ¿Tiene algo que declarar?
5. ¿Qué es lo que pasa?

A. Doble la esquina y está a mano derecha.
B. No. No fumo cigarrillos y no bebo licores.
C. ¿Quiere que llame a la grúa?
D. La batería está baja.
E. Sí, señor. Y aquí está mi carta verde de seguro.

ATENCION-CARRETERA EN OBRAS EN 13 KM. CIRCULE CON PRECAUCION

"ATENCION" CARRETERA EN OBRAS EN 6 Km CORTES INTERMITENTES PERDONEN LAS MOLESTIAS

CEDA EL PASO

GARAJE PRIVADO NO APARCAR

PROHIBIDO APARCAR SOLO PARA: PERSONAL OFICINA Y VISITANTES

¡POR FAVOR! ¿DÓNDE PUEDO LAVAR MI COCHE?

Forastero: ¡Por favor! ¿Dónde puedo lavar mi coche? Está muy sucio.

Guardia: Hay una estación de lavado en esta gasolinera. Pero si quiere una estación de lavado automática tiene que ir a la CEPSA.

Forastero: ¿Dónde está la estación de lavado de la CEPSA, por favor?

Guardia: Cien metros más abajo, a mano izquierda.

Forastero: Muchas gracias.

Guardia: De nada.

Hay una estación de lavado en esta gasolinera.

Pero si quiere una estación de lavado automática tiene que ir a la CEPSA.

Peligro
en general

Aparcamiento

Acceso
prohibido

UNIDAD TRECE
LOS FINES DE SEMANA

Los fines de semana Carlos Fuentes lleva a Carmen al centro en el coche para hacer las compras.

Primero, van al Mercado Central en la calle San Juan, porque hay mejor selección y la comida es más barata.

EN EL MERCADO

A Carlos le gusta mucho el jamón serrano del puesto de Esperanza y Pepe.

Esperanza:	Buenos días, Carmen. ¿Qué deseas?
Carmen:	Buenos días, Esperanza. Quisiera medio kilo de jamón serrano.
Esperanza:	Aquí está el jamón. ¿Algo más?
Carmen:	No, gracias. ¿Qué te debo?
Esperanza:	Son dos mil pesetas.
Carmen:	¡Aquí tienes! Adiós.
Esperanza:	Adiós, Carmen.

Carmen:	¡Hola, María! ¿Cómo estás?
María:	Muy bien gracias, Carmen. ¿Y tú?
Carmen:	Bien. ¿Cuánto vale el queso manchego hoy?
María:	Ochocientas cincuenta pesetas el kilo.
Carmen:	Bueno, quiero medio kilo.
María:	¿Algo más?
Carmen:	Sí. Quiero doscientos cincuenta gramos de garbanzos y un cuarto kilo de aceitunas aliñadas. ¿Cuánto es todo?
María:	Son seiscientas pesetas.

Carmen prefiere comprar el queso manchego del puesto de María.

Después, van a la confitería pastelería para comprar unos pasteles para la merienda. Entonces van a la carnicería de José Luis para comprar un pollo para la comida del domingo.

A veces pasan por la sala de artesanía para comprar un figurín para adornar la casa, o una lámpara eléctrica o un jarrón para flores.

Camino de casa pasan por el supermercado, el Ecopalo, para comprar varias cosas.

Ofertas del mes de agosto

Alimentación

Tomate Frito SOLIS, 450 Grs **61**
Tomate TOMATOR, 420 Grs **52**
NESCAFE Normal, 200 Grs **675**
NESCAFE Descafeinado, 200 Grs **795**
Leche RAM, Entera, Brik, 1 Lt........**75**
Leche COLEMA, Entera, Brik, 1 Lt....**75**
Quesitos EL CASERIO, 8 Porciones **89**
Quesitos SANTE, 8 Porciones **88**
Café BONKA, ¼ Grano y Molido ...**265**
NATILLAS DHUL, Pague 3 y lleve 4
FLAN DE VANILLA DHUL, Pague 3 y llave 4
PAN BIMBO, Molde grande **138**
NOCILLA 1 y 2 Cremas, Vaso 220 grs ..**109**
Chocolate NESTLE Extrafino Leche
150 Grs **105**
Margarina TULIPAN, 400 Grs **112**
Aceite Girasol FLORA, 1 litro **179**

ARROZ SOS, 1 Kilo **99**
Atún Aceite ISABEL, Rdo. Lito,
1400 Grs **715**
Atún Aceite ALBO, ¼ Oval **165**
Mayonesa KRAFT, 450 Grs **169**
Foie-Gras APIS, ⅛ Pack-4 ....**117**
Mermelada HELIOS,
Peso Neto: 650 grs **145**
Patatas fritas Onduladas **87**
MATUTANO
  regalamos 1 cerveza litro
Madalenas EL ZANGANO Redondas
6 Und **75**
BIZCOCHO GRIMAL **95**
Madalenas HERAS, M-12 ....**95**
Galletas DALIA, 400 Grs **79**
Galletas PRINCIPE-BEUKELAER, 750 g   **295**

Bebidas

WHISKY WHITE LABEL **945**
RON BACARDI, Carta Blanca, 1 Lt ...**615**
LICOR TIA MARIA **945**
CENTENARIO TERRY **435**
WHISKY DYC, 5 años **395**
Vino PARRAL, Blanco...........**179**
Vino SIGLO SACO Tinto **315**
LICOR BAILEY................**1095**

KAS, 1 Litro (Naranja, Manzana, Limón y Cola) ...**39**
BITTER KAS, Pack-6 ....**155**
PEPSI-COLA, 1½ Litro **52**
PEPSI-COLA Lata **34**
Cerveza SKOL. Pack-6 ....**145**
Cerveza VICTORIA ⅓ Caja (Envase aparte) **495**
Zumos LA MOLINERA, Abre/Fácil ...**25**
Zumos ZUMLEY, Brik, 1 Litro **121**

Charcutería

Salchichón NOBLEZA El
POZO, ¼ Kg...................**190**
Jamón Cocido Casademont
Extra ¼ Kg **185**
Jamón REMIER Casademont
¼ Kg **150**

Salchichón MELOSO, ¼ Kg
Casademont **100**
Choizo REVILLA, ¼ **185**
Queso Le CABAÑA ¼ **200**
Queso CARMIN, ¼ **245**
Queso Boloplano 501 ¼ **175**

REGALO DIARIO
DE BOLSAS
SORPRESA

ECOPALO

Con 1 Patatas CRECSPAN Gte.
Regalo
1 BOTELLA DE VINO ELEGIDO

13

Ejercicio 1 ¿Cuánto cuesta?

Contesta las preguntas en tu cuaderno. No escribas en este libro.

1. ¿Cuánto cuesta un litro de leche Ram?
2. ¿Cuánto cuesta un frasco de Nescafé descafeinado?
3. ¿Cuánto cuesta un pan Bimbo de molde grande?
4. ¿Cuánto cuesta una botella de litro de aceite girasol Flora?
5. ¿Cuánto cuesta una lata de atún Albo?
6. ¿Cuánto cuesta un tarro de mayonesa Kraft?
7. ¿Cuánto cuesta un tarro de mermelada Helios?
8. ¿Cuánto cuesta un paquete de patatas fritas Matutano?
9. ¿Cuánto cuesta un paquete de galletas Dalia?

Ejercicio 2 Ofertas

1. ¿Qué regalan si compras un paquete de patatas Crecspan?
2. ¿Cuántas natillas Dhul recibes si compras tres?
3. ¿Qué regalan si compras un paquete de patatas fritas Matutano?
4. ¿Qué regalan diario?

Ejercicio 3 ¿Cuántos . . ./Cuántas . . .?

1. ¿Cuántos años tiene el Whiskey DYC?
2. ¿Cuántos Bitter Kas puedes comprar por ciento cincuenta y cinco pesetas?
3. ¿Cuántos sabores de Kas de litro hay?
4. ¿Cuántas cervezas Skol recibes por ciento cuarenta y cinco pesetas?
5. ¿Cuántas pesetas cuesta una pepsi-cola en lata?
6. ¿Cuántas porciones de quesitos Sante recibes por ochenta y ocho pesetas?

EN EL SUPERMERCADO

Carmen: ¡Perdone! ¿Dónde puedo encontrar tomates?

Dependiente: Al fondo de la tienda a la derecha, señora. Están en la sección de legumbres.

Carmen: Muchas gracias.

Carmen: ¡Perdone usted! ¿Dónde puedo encontrar patatas fritas?

Dependiente: Están aquí señora, al lado de la leche.

Carmen: Muchas gracias.

Carmen:	¡Por favor! ¿Puede decirme dónde está la charcutería?
Dependiente:	Sí, señora. Está allí al fondo de la tienda.
Carmen:	Muchas gracias.
Carmen:	¡Por favor! ¿Dónde está la leche?
Dependiente:	Está en la tercera fila cerca de la caja.
Carmen:	Muchas gracias.

¿Dónde está...?	Está aquí. Está allí. Está al fondo de la tienda.		
	Está en	la primera la segunda la tercera	fila.

Tabla de cantidades

Quisiera	un kilo de . . . dos, tres kilos de . . . medio kilo de . . . un cuarto de kilo de . . . doscientos cincuenta gramos de . . . cien gramos de . . .	una docena de media docena de	huevos.
		un paquete de	galletas.
		una caja de una cajetilla de	jabón. fósforos. tabaco.
	un litro de . . . medio litro de . . . una botella de . . . dos, tres botellas de . . .	un tarro de	café.
		un cartón de una bolsa de	leche.
	un par de	melones/manzanas. botellas de cerveza. latas de sopa.	
		una lata de	comida.

13

Ejercicio 4

Con un compañero o una compañera

Ejemplo

Compañero(-a): ¡Por favor! ¿Dónde están los tomates?

Tú: Están al lado de las uvas.

1    2    3

Ejercicio 5

Con un compañero o una compañera

Usa la tabla de cantidades de la página 115 para pedir cinco artículos de comida diferentes.

Escribe los cinco artículos de tu compañero(-a) en tu cuaderno.

Ejercicio 6

Ahora tienes que ir a un supermercado para hacer las compras para una fiesta. Tienes que hacer una lista de todos los diferentes tipos de comida que vas a necesitar para la fiesta.

Un supermercado

Cuando sale Carmen del supermercado siempre va al quiosco de enfrente para comprar dos revistas que le gustan mucho.

EN EL QUIOSCO

Carmen:	Buenos días, señor Pérez. ¿Tiene mis revistas?
Sr. Pérez:	¿Cuáles son, señora Fuentes?
Carmen:	*Pronto* y *Hola.*
Sr. Pérez:	Sí, señora. ¿Quiere un periódico también?
Carmen:	¿Qué diarios le quedan?
Sr. Pérez:	Me quedan: el *Ya,* el *ABC,* el *Sur* y el *Diario 16.*
Carmen:	Entonces, déme un *Sur.* ¿Qué le debo?
Sr. Pérez:	Son doscientas setenta y cinco pesetas, señora. Gracias. Adiós.
Carmen:	Adiós, señor Pérez.

Los lunes, Pedro siempre compra un *Teleprograma* en el quiosco del señor Pérez.

Pedro:	Buenos días, señor Pérez.
Sr. Pérez:	Buenos días, Pedro. ¿Quieres el *Teleprograma?*
Pedro:	Sí. Son cuarenta pesetas ¿verdad?
Sr. Pérez:	Sí.
Pedro:	También quiero un diario *Sur.* ¡Aquí tiene! Cien pesetas.
Sr. Pérez:	Gracias. Tu cambio, Pedro, ahí van dos duros. Adiós.
Pedro:	Adiós, señor Pérez.

Camino de casa Pedro siempre pasa por el estanco. A veces compra una cajetilla de tabaco para su padre y, a veces, cuando tiene que escribir a uno de sus amigos, compra sellos o una tarjeta postal.

13

El verano pasado, Tony, el correspondiente inglés de Pedro estuvo en España por tres semanas. Durante su visita tuvo que visitar la droguería, la farmacia y una tienda de regalos para comprar unas cosas que no tenía.

EN LA DROGUERÍA

Dependienta:	¿En qué puedo servirle?
Tony:	Necesito un cepillo de dientes y pasta de dientes.
Dependienta:	Sí. ¿Algo más?
Tony:	Sí, me hace falta comprar cuchillas de afeitar y jabón de afeitar.
Dependienta:	Muy bien. ¿Algo más?
Tony:	Sí. También quiero champú, un carrete fotográfico y pilas para mi transistor.
Dependienta:	¡Aquí tiene! Champú, un rollo fotográfico y pilas de nueve voltios para el transistor. ¿Algo más?
Tony:	Nada más, gracias. ¿Cuánto es?
Dependienta:	Vamos a ver. La pasta y el cepillo de dientes son cuatrocientas pesetas. Las cuchillas de afeitar y el jabón de afeitar son ciento setenta y cinco pesetas. El champú cuesta doscientas pesetas, el rollo para la cámara son quinientas cincuenta pesetas y las pilas para el transistor son doscientas pesetas. Son mil quinientas veinticinco pesetas en total.
Tony:	¡Aquí tiene! Mil quinientas veinticinco pesetas.

Unos momentos más tarde

Tony:	¡Ay! Me olvidaba. También necesito una pastilla de jabón para lavarme.
Dependienta:	¡Aquí tiene! Una pastilla de jabón Lux. Son ciento setenta y cinco pesetas, por favor.
Tony:	¡Aquí tiene! Adiós.

Ejercicio 7   ¿Verdad (✔) o mentira (X)?

Escribe las respuestas en tu cuaderno.

1. Tony compra un cepillo de dientes pero no necesita pasta de dientes.
2. Tony compra cuchillas y jabón de afeitar.
3. Tony quiere dos rollos fotográficos.
4. Las pilas para el transistor son de nueve voltios.
5. El champú que compra Tony cuesta doscientas veinticinco pesetas.
6. Con la pastilla de jabón Lux, Tony tiene que pagar mil setecientas pesetas, en total.

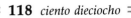

Tres días más tarde

Tony:	Buenos días. ¿Tiene usted loción bronceadora?
Dependienta:	Sí, señor. ¡Aquí tiene! Son doscientas cincuenta pesetas.
Tony:	¿Y tiene un peine bueno?
Dependienta:	Sí, señor, a trescientas cincuenta pesetas.
Tony:	¿Y tiene unas tiritas? Acabo de cortarme el dedo.
Dependienta:	Sí, señor. Cuarenta pesetas el paquete de cuatro. ¿Algo más?
Tony:	Sí. Quisiera unas gafas de sol polaroid. Mi amigo acaba de romper mis gafas.
Dependienta:	Tenemos unas muy buenas y muy baratas. Sólo dos mil cuatrocientas pesetas.
Tony:	Son muy caras. No tengo mucho dinero.
Dependienta:	Entonces, éstas son más baratas y son muy buenas. Sólo cuestan mil trescientas pesetas.
Tony:	Muchas gracias. ¿Qué le debo por las gafas de sol?
Dependienta:	Son mil novecientas cuarenta pesetas. Gracias. Adiós.
Tony:	Adiós.

Ejercicio 8

Contesta estas preguntas en tu cuaderno.

1. Una botella de loción bronceadora cuesta doscientas cincuenta pesetas. ¿Cuánto cuestan dos botellas?

2. ¿Cuántas tiritas hay en un paquete de cuarenta pesetas?

3. ¿Por qué no compra Tony las gafas de sol de dos mil cuatrocientas pesetas?

4. ¿Cuánto dinero cuestan las gafas de sol que Tony compra?

5. Además de la loción bronceadora, las tiritas y las gafas de sol, ¿qué compra Tony?

Ejercicio 9   ¿En qué puedo servirle?

	1	**2**	**3**	**4**	**5**
Tú: Quiero . . .					

el cepillo de dientes
la pasta de dientes
la cuchilla de afeitar
el jabón de afeitar
el champú

una pastilla de jabón
un carrete
un rollo   fotográfico

la loción bronceadora
las gafas de sol

las tiritas
un peine
la pila

blanco(-a, -os, -as)
negro(-a, -os, -as)
rojo(-a, -os, -as)
verde(s)
amarillo(-a, -os, -as)
azul(es)
gris(es)
marrón(-<u>ones</u>)

Ejercicio 10

Con un compañero o una compañera

Compañero(-a):   Buenos días.
                  ¿En qué puedo servirle?

Tú: (a) ━━   (b) ▭▭▭

Compañero(-a):   ¿De qué color?

Tú:

Compañero(-a):   Muy bien. ¿Algo más?

Tú: (a) ▭▭ ▭   (b) ▯

Compañero(-a):   ¡Aquí tiene! ¿Quiere algo más?

Tú: (a) ▭   (b) ▭

EN LA FARMACIA

Dos días antes de coger el avión para Inglaterra Tony va a la farmacia para comprar unas pastillas.

Farmaceutico: Buenos días. ¿Puedo ayudarle?

Tony: Sí. ¿Tiene pastillas para la acidez?

Farmaceutico: Sí, señor. Estas pastillas son buenas para la acidez.

Tony: ¿Y tiene pastillas para dolor de cabeza?

Farmaceutico: Sí. Aspirinas.

Tony: Pasado mañana me voy a Inglaterra en avión. ¿Tiene pastillas para no marearme durante el viaje?

Farmaceutico: Sí, señor. Estas pastillas son muy buenas para evitar el mareo en los viajes.

Tony: Muy bien. ¿Qué le debo?

Farmeceutico: Ochocientas cincuenta pesetas. Gracias.

EN LA TIENDA DE REGALOS

Después de salir de la farmacia, Tony va a una tienda de regalos, Regalos Carina, para comprar unos recuerdos de España y para comprar unos regalos para su familia.

Tony: Buenos días. Quiero comprar un regalo típico de España para mi madre.

Empleada: Sí, señor. Tenemos muchas cosas típicas. ¿Le gustaría un porrón, o un muñeco de una gitana vestida en su traje de flamenco, o un toro, o, quizá, unas castañuelas?

Tony: Creo que voy a comprar la gitana y unas castañuelas.

Empleada: Sí, señor. ¿Se lo envuelvo?

Tony: Sí. ¿Cuánto es?

Empleada: Son dos mil pesetas, por favor. Gracias.

Cuando Tony sale de Regalos Carina se da cuenta de que no tiene pañuelo y entra en unos almacenes grandes para comprar unos pañuelos de papel.

Todos los escaparates de los almacenes tienen muchas ofertas especiales porque hay rebajas de precio.

EN LOS ALMACENES

Tony: ¡Por favor! ¿Dónde puedo comprar pañuelos de papel?

Dependienta: En la primera planta.

Tony: Muchas gracias.

13

En la primera planta de los grandes almacenes

Tony:	¿Tiene pañuelos de papel?
Dependienta:	Sí. Tenemos pañuelos de papel de varios colores. Tenemos pañuelos blancos, amarillos, verdes, rojos y azules.
Tony:	Quiero una caja de pañuelos blancos.
Dependienta:	¡Aquí tiene! ¿Algo más?
Tony:	Sí. ¿Puede decirme dónde está la sección de ropa de hombres?
Dependienta:	Sí. Está en la tercera planta.

Ejercicio 11   ¿De qué color?

Tú eres Yoli, María, etc.

=== Ejemplo ===

Tú:	Quiero . . .
Compañero(-a):	¿De qué color?
Yoli *Tú:*	Rojo.

María   **Marco**   **Carmen**   **Juana**

En la tercera planta de los grandes almacenes

Tony:	Buenos días. Tiene unos pantalones negros en el escaparate.
Dependiente:	¿Qué precio tienen?
Tony:	Mil ochocientas pesetas.
Dependiente:	Sólo los tenemos en tallas grandes en negro, pero tenemos otros por mil novecientos pesetas en marrón que son de su talla.
Tony:	No, gracias. No me gustan los pantalones marrones. ¿Tiene unas camisas buenas en la rebaja?
Dependiente:	Sí, tenemos unas muy buenas a novecientas pesetas. Tenemos camisas blancas, camisas grises, camisas azules y camisas verdes.
Tony:	Déme dos camisas azules y una camisa gris.
Dependiente:	¡Aquí tiene! Son dos mil setecientas pesetas. Gracias. Adiós.
Tony:	Adiós.

un regalo (típico)	¿Puedo ayudarle? ¿Puedo servirle?				pastillas para	la acidez? el mareo? dolor de cabeza?
el pañuelo (de papel)	(No) Tenemos	talla grande. talla media. talla pequeña.	¿Tiene			
la camisa los pantalones	¿Se lo envuelvo?				aspirinas?	

Ejercicio 12

Estás en España con tu familia. Es el cumpleaños de tu hermano y tu madre quiere comprarle unos pantalones y una camisa. Ella no habla español muy bien y tú tienes que ir a la tienda con ella.

En tu cuaderno escribe la conversación entre ti y el dependiente de la tienda.

Ejercicio 13

Antes de volver a Inglaterra tu familia decide comprar unos recuerdos de España. Tú llevas a tu familia al Corte Inglés.

(*a*) Tienes que buscar: discos populares para tu hermana, un libro de Málaga para tu padre y cerámica para tu madre.

En tu cuaderno escribe lo que tú tienes que decir para llevar a tu familia a la sección del almacén que quieren visitar.

(*b*) Cuando tu madre va a la sección de cerámica le gustan mucho unos platos típicos andaluces.

En tu cuaderno escribe la conversación entre la dependienta y tú cuando tú decides comprarle los platos a tu madre.

Ejercicio 14 ¿De qué color es/son?

1. El gato es _____ y _____ .
2. Las manzanas son _____ o _____ .
3. El chocolate es _____ .
4. El ratón es _____ .
5. El plátano es _____ .
6. El cielo es _____ .

The first two stages at a glance

Topic areas covered in PREMIO Stages 1 and 2

STAGE 1	STAGE 2
Personal information 1 and 2	Travel by air
Finding the way 1 and 2	Accommodation 1 and 2
Money	Bank and post office
Shopping 1 and 2	Shopping 3
Meals/meal times/bar menus	Food & drink 3
Restaurant and hotel menus	Leisure & pleasure
Time	Illness, injury and emergency
Travelling by car	
Travelling by public transport	

COMPONENTS OF THE PREMIO COURSE		STAGE 1	STAGE 2
COURSEBOOK	Contains presentation material, dialogues, oral activities and exploitation material.	Coursebook 1	Coursebook 2
TEACHER'S BOOK	Contains: (a) Full notes on presentation and exploitation of the materials. (b) Transcripts of listening and comprehension material. (c) Worksheets for copyright-free reproduction, containing oral activities, listening and reading comprehension, puzzles and games. (d) Pupil profile blanks (also copyright-free).	Teacher's Book 1	Teacher's Book 2
CASSETTES	Contain dialogues, interviews and listening materials.	Set of Cassettes for Stage 1	Set of Cassettes for Stage 2
FLASHCARDS	Pictorial starting points for language work, especially presentation of 'new' items.	Set of Flashcards for Stage 1	Set of Flashcards for Stage 2

Text © Leeds City Council and Trinity and All Saints' College Spanish Materials Fund 1988
Illustrations © Stanley Thornes (Publishers) Ltd 1988

British Library Cataloguing in Publication Data

First published in 1988 by:
Stanley Thornes (Publishers) Ltd
Old Station Drive
Leckhampton
CHELTENHAM GL53 0DN
England

Reprinted 1989
Reprinted 1991
Reprinted 1992

Montoro-Blanch, Manuel
  Premio.
  1
  Libro del alumno
  1. Spanish language – For schools
  I. Title
  468

Typeset in 11/13 Palatino by Tech-Set, Gateshead, Tyne & Wear.
Printed and bound in Great Britain at The Bath Press, Avon.

ISBN 0–85950–750–5